Beck'sche Reihe
BsR 473

Fast eine halbe Million verfeindete Nachbarn ziehen jährlich (nur in den „alten Bundesländern") vor Gericht, gegen die gleiche Zahl von Gegnern. Die deutsche Prozeßwut ist rekordverdächtig. Es geht gegen krähende Hähne, quakende Frösche, harmlose Gartenzwerge. Es geht um laute Musik, grundstücksüberschreitende Baumzweige, Laub im Garten. Und es geht ums Recht: ums Recht haben, Recht haben wollen. Um nahezu jeden Preis.

Thomas Bergmann hat per Zeitungsannonce Leute gesucht, deren nachbarliche Kämpfe vor dem Kadi endeten, und sie und ihre Gegner interviewt. Er hat Gerichtsprotokolle gelesen und Urteile gesammelt, mit Anwälten, Richtern und Betroffenen gesprochen. Sein Buch ist eine Reise durch die deutsche Volksseele, eine Tragikomödie, eine Chronik des ganz normalen Wahnsinns. Es ist eine dokumentarische Realsatire, die in Abgründe schauen läßt: ins Innere des Kleinbürgers, der in uns allen steckt.

Der Autor: Thomas Bergmann, geb. 1943, Studium der Ethnologie, lebt als Autor und Filmemacher in Frankfurt am Main. Zahlreiche Filme zusammen mit Mischka Popp. Adolf-Grimme-Preis 1987 für den Film „Vom Flachlegen und Aufstehen" (über die ökologischen Folgen der Flurbereinigung), Erster Preis der internationalen Tage des ökologischen Films ÖKOMEDIA 1988 und Bronze Award des internationalen Filmfestivals Houston 1989 für den Film „Die Potemkinsche Stadt" (über die modernen Trabantenstädte Europas). Hessischer Filmpreis 1991 für den Fernsehfilm (ARD) „Giftzwerge. Wenn der Nachbar zum Feind wird."

THOMAS BERGMANN

Giftzwerge

Wenn der Nachbar zum Feind wird

VERLAG C.H.BECK MÜNCHEN

Mitarbeit bei Recherche, Organisation des Materials,
Manuskriptherstellung: Mischka Popp und Christiane Weber

Die Deutsche Bibliothek – CIP-Einheitsaufnahme

Bergmann, Thomas:
Giftzwerge : wenn der Nachbar zum Feind wird / Thomas
Bergmann. – Orig.-Ausg. – München : Beck, 1992
   (Beck'sche Reihe ; 473)
   ISBN 3 406 34065 2
NE: GT

Originalausgabe
ISBN 3 406 34065 2

Einbandentwurf: Uwe Göbel, München
Umschlagbild: Nachbars Opfer.
© Das Zwergenkaufhaus, 7185 Rot am See
© C.H. Beck'sche Verlagsbuchhandlung (Oscar Beck), München 1992
Druck: Presse-Druck- und Verlags-GmbH, Augsburg
Printed in Germany

Inhalt

Kapitel 3

Die Natur, sie macht nur Dreck

Kapitel 4

Nachrichten vom Häuserkampf

Kapitel 5

Tierisch laut, Mozart als Waffe

Kapitel 6

Vom Zusammenprall der Welten:
Natodraht und Öko-Garten

Kapitel 7

Eigentum verpflichtet – wir gehen in Stellung

Kapitel 8

Der Feind in uns
oder Orchideen in Grönland

Kapitel 9

Grundbesitz: vermintes Gelände

Kapitel 10

Im Netz des eigenen Wahns

Kapitel 11

Die Wohnung: eine Quelle des Verbrechens

Kapitel 12

Sieger und Besiegte – die Rache ist unser

Kapitel 13

Tu keinen Schritt ohne deinen Anwalt

Kapitel 14

Der Mensch als Hausmeister.
Eine Übung zum Volksempfinden

Kapitel 15

Gewalt und Leidenschaft

Kapitel 16

Die Odyssee der Instanzen

Kapitel 17

Das Letzte vom Grabenkrieg

Nachbars Rambo

Ein Vorwort von Mischka Popp und Thomas Bergmann

Sie reden nicht miteinander, sie gehen aufeinander los. Bis zur letzten Instanz. Sie produzieren Aktenberge, für die man ganze Wälder kahlschlagen muß. Über 400 000 verfeindete Nachbarn ziehen allein in den „alten Bundesländern" jährlich vor Gericht. Gegen die gleiche Zahl von Gegnern. Macht 800 000. Der Krieg der Nachbarn tendiert zur Sippenhaft. Ganze Familien machen gegeneinander die Schotten dicht, schon Kleinkinder ereilt das Verbot, mit Nachbars Rüpeln zu spielen. Grob geschätzt heißt das: rund zweieinhalb Millionen Menschen gehen pro Jahr in den Clinch. Die neuen Bundesländer lassen schöne Wachstumsraten erhoffen.

Typisch deutsch? Der deutsche Michel in seiner giftigen Variante? Jawohl, wir sind das Volk. Ein Volk von Prozeßhanseln? In jedem Fall: uns gebührt ein vorderer Rang. Die deutsche Prozeßwut ist absolut rekordverdächtig. Und mit ein bißchen Geduld und Tücke, mit Übung und sachkundiger Anleitung, könnten wir es werden – Weltmeister der Streithammel. Alles eine Sache der Schulung.

Dieses Buch ist eine Mischung aus Selbsterlebtem und Gefundenem. Für einen Fernsehfilm haben wir mit der folgenden Zeitungsanzeige Nachbarn gesucht, deren Streitigkeiten vor dem Kadi endeten:

> **„Es kann der beste nicht in Frieden leben, wenn es dem bösen Nachbarn nicht gefällt"**
> Für Fersehfilm suchen wir Beteiligte und Opfer zivilrechtlicher Prozesse, die sich mit Streitigkeiten des Alltags befassen.
> **Pilotfilm** ▬▬▬▬▬▬▬▬
> ☎ ▬▬▬▬▬▬

Die Resonanz war überwältigend. Eine ganze Reihe von Fällen ist von uns recherchiert und dokumentiert worden, mit Tonbandprotokollen, Abschriften, Auswertungen. Ein Teil davon war Grundlage unseres Films „Giftzwerge", der, im Auftrag des Saarländischen Rundfunks, in der ARD lief. Diese Fälle – und viele, die im Film nicht auftauchen – haben wir ausführlicher behandelt und uns dabei auch die Freiheit genommen, unsere höchst subjektive Wahrnehmung davon zu schildern. Sie bilden die Kernstücke des Buchs und sind im Inhaltsverzeichnis hervorgehoben. Der Rest stammt aus Nachrichten, Notizen, Beiträgen von Zeitungen und Zeitschriften, aus juristischer Fachliteratur, Gerichtsprotokollen, Prozeßunterlagen.

Spotten ist leicht. „Doch", so der Medienkritiker Thomas Adam, „wir sollten uns über unsere Mitmenschen nicht erheben. Schon morgen könnten wir uns mitten im Kampfgetümmel wiederfinden. Vielleicht ist er uns nur noch nicht begegnet, der Nachbar, der den Wahnsinn wachküßt, der in jedem von uns schlummert. Es ist nur ein kleiner Schritt, der ganz normale freundliche Leute zu intimen Kennern des Zivilprozeßrechts macht und friedfertige Angestellte in Nachbars Rambo verwandelt."

Es geht gegen Hähne, quakende Frösche, harmlose Wichtel. Es geht um laute Musik, verrammelte Keller, Gestank im Treppenhaus. Es geht ums Recht: ums Recht haben, Recht haben wollen. Um nahezu jeden Preis. Keine Lebensäußerung scheint vor strafandrohendem Zugriff gefeit. Da werden Grenzzäune, an die sich der Feind von nebenan zu lehnen wagt, zu kostentreibenden Konfliktobjekten; die betonierte Trennfuge der gekachelten Außenwand, die der Nachbar mitbenutzt, wird plötzlich zum tiefen Riß im sozialen Gefüge; der grundstücksübergreifende Fliederzweig wird zur Bedrohung von Heim und Herd.

Eine Art Verfolgungswahn macht sich breit. Das Hausmeistersyndrom erblüht zu ungeahnter Größe, die Gegner belauern sich durch Sichtblenden und Mauerschlitze, die Wüste lebt, die Kleinfamilie hat das Kriegsbeil ausgegraben. Der Nachbar – ein Störfall, die Scheibchenvilla im Grünen – vermintes Gelände. Der „Krieg der Gartenzwerge" dauert mitunter Jahre. Hier finden sich Feinde fürs Leben, hier mutieren Kontrahenten zu Giftzwergen.

Dieses Buch ist kein juristisches Fachbuch. Eher eine kleine Odyssee durch die deutsche Volksseele, die Ethnographie eines Konfliktpotentials. Es geht nicht um Schuldzuweisung, nicht um Parteinahme, nicht um das Spiel Anwalt und Gericht. Es geht um unterdrückte Aggressivität, die sich Kanäle und Opfer sucht. Es geht um eine Welt, die von Feindbildern beherrscht wird, von Sprachlosigkeit inmitten von Verhältnissen trügerischer Harmonie. Wir beschreiben eine Forschungsreise, die in Abgründe schauen läßt: ins Innere des Kleinbürgers, der in uns allen steckt.

Nichts ist verrückter als die Wirklichkeit. Für Autoren und Filmemacher ist es ein hartes Brot, zu erleben, daß die eigene Phantasie vom Alltag spielend überholt wird. In vielen Fällen beschlich uns das merkwürdige Gefühl, einer Inszenierung beizuwohnen, in der ersten Reihe einer kleinen giftigen Aufführung zu sitzen. Es ging uns ähnlich wie dem Sprachwissenschaftler Dr. Werner Nothdurft, der auf dem Germanistentag 1991 in Augsburg den Vortrag „Gezänk und Geplärre – über das verbissene Streiten von Nachbarn" hielt und offensichtlich guten Grund für die folgende Eingangsbemerkung sah: „Ich möchte betonen, daß es sich bei diesen Gesprächen nicht um fiktionale Texte, um Burlesken oder Exemplare absurden Theaters handelt, sondern um Gespräche, die sich so zwischen den Beteiligten zugetragen haben."

Der Ton macht die Musik. Den „Sound" hörbar zu machen, der aus dem Nachbarn bricht, wenn er in endlosen Wortkatarakten die Untaten-Arie vom Feind nebenan intoniert, das stellte uns vor gewisse Probleme. Denn natürlich möchten wir die Leserinnen und Leser gern daran teilnehmen lassen, wie das ist, wenn Frau H. (s. Seite 44) in ihrem Vorgarten steht und mit Brustton sagt: „Wir pflegen unsere Sachen!" Und ihr Rasen – wie von der Teppichrolle, und die Blumen – wie mit der Wasserwaage gesetzt. Und wie sie den Zeigefinger herumwirft auf Nachbars Grundstück, auf den Schrecken, der dort wuchert.

Neun Eichen hat der Mann. Wahre Ungeheuer. Und der Wind und das Laub, die Natur, wie sie gierig durch den Zaun quillt und Frau H.s grüne Buchhaltung beschmutzt. „Und stellen Sie sich vor, der grüßt auch noch frech!" Selbst nach dem Brief vom Anwalt. Etwas von diesem Schrecken möchten wir vermitteln: von dem, der Frau H. ergriffen hat; und dem, der uns ergreift, als ratlose Zaungäste eines Kampfes, der zum Lachen reizt und frösteln macht.

Um einen unzensierten Einblick in die Gemütsverfassung der streitenden Parteien zu bekommen, haben wir, wo es ging, auch die Gegenseite besucht, mit schönen Ergebnissen. Es war dies oft die einzige Art, die „Fälle" zum Sprechen zu bringen. Denn im Alltag reden die Kontrahenten nicht miteinander, und vor Gericht gibt es zwar mitunter gelungene Beispiele sprachlicher Selbstentleibung und hochschwappender Emotionen, doch die Regel ist das nicht. Da bremsen schon die Anwälte, und die Richter stöhnen leidgeprüft.

Überhaupt: das juristische Fachpersonal, es ist eine kleine Betrachtung wert. Juristen haben bekanntlich eine eigene Sprache: glasklar, von höchster Trennschärfe, und völlig verwirrend. Falls aus Ihrem Komposthaufen z. B. die Brühe herauslaufen sollte und Nachbars Grundstück ein bißchen aufweicht, könnte das auf Amtsdeutsch heißen: Unzulässige Gefährdung des klägerischen Nachbargrundstückbodens in der Senkrechten durch unzumutbare pflanzliche Immissionen. Das wäre die Überschrift. Dann ginge es richtig los. Kräht der Hahn, so handelt es sich todsicher um „Beeinträchtigungen durch Geräuschimmissionen des vom Beklagten gehaltenen Geflügels". Immerhin ist die „Heckenwirkung durch Koniferen, die durch den anläßlich des Ortstermins in Augenschein genommenen Umstand dadurch bewirkt wird, daß die einzelnen Koniferen so dicht aneinander gepflanzt worden sind, daß in absehbarer Zeit die begründete Hoffnung eines Dichtschlusses besteht, nach den derzeitigen Umständen für § 39 HessNachbG grundsätzlich unbedenklich und es bedarf somit (,Gott sei Dank!' ruft da der Kunde) keiner weiteren Klärung, ob der spezielle Anspruch aus § 43 HessNachbG einen allgemeinen Beseitigungsanspruch aus § 1004 BGB verdrängt, oder ob beide Ansprüche der Kläger nebeneinander zur Verfügung stehen, insbesondere da die Koniferen das Grundstück der Kläger nicht körperlich beeinträchtigen und es somit an den tatbestandlichen Voraussetzungen einer negativen Einwirkung durch verstärkten Schattenwurf, die – läge sie denn wirklich vor – vom betroffenen Grundstücksnachbarn hinzunehmen wäre, fehlt."

Ein Nachbar hatte sich beschwert über eine Hecke, die ihm das Sonnenlicht raubt. Jetzt grübelt er über den Akten.

Wir haben hin und wieder aus solchen Urteilen zitiert. Nicht, um die Leser zu quälen. Um sie zu wappnen! Und um die Gewißheit zu verbreiten, daß unser Rechtskörper lebt. Seine Organe mahlen langsam, aber eben besonders fein. Vielleicht steckt auch eine Form institutioneller Rache dahinter, nach dem Motto: jeder bekommt das Urteil, das er verdient. Denn die Gerichte sind auf Jahre verstopft mit Nachbarschaftskriegen. Wir haben mit Richtern lange Gespräche geführt. Ein altgedienter Rechtsprecher bilanziert es so: „Seit dreißig Jahren und in Hunderten von Fällen appelliere ich vor Prozeßbeginn an die Einigungsfähigkeit und Kompromißbereitschaft der Kombattanten. Mit dem Ergebnis: Null."

Wo gutnachbarschaftliche Beziehung, die im Handumdrehen solche Kleinigkeiten regeln könnte, nicht mehr stattfindet, vertritt eine Art „Negative Kommunikation" ihre Stelle: der Prozeß. Auch so kann man miteinander zu tun haben.

Daß es zuweilen eine Lust ist, über den anderen – zumal in seiner Abwesenheit – herzuziehen, ist nur menschlich. Was beim separaten Besuch der Parteien auffällt: der ungeheure Darstellungsdruck, unter dem die Gegner stehen. Die Geringfügigkeit des Anlasses muß durch den Schein größtmöglicher Bedeutung und höchster Akribie wettgemacht werden. Die Ernsthaftigkeit, mit der sich erwachsene Menschen um fünf Zentimeter der Höhe des Gartenzauns streiten können, nimmt immer wieder wunder. Wenn man einmal in die Mühlen eines solchen Verfahrens gerät, schwindet ganz offenkundig die Fähigkeit zur Distanz: auch zu sich selbst. Komisch finden die Streithähne die Sache ganz und gar nicht. Und eher mit einer gewissen Erbitterung nimmt man wahr, daß die Außenwelt – Freunde und Bekannte – in solchen Auseinandersetzungen ganz und gar nicht den Abgrund der Tragik, sondern weitaus eher den Gipfel der Komik wittert. Lacht ihr nur, denken die Gequälten. Ich wünsche euch die Pest an den Hals: euren Nachbarn.

Oder wie es Herr E. aus Düsseldorf (s. Seite 96) formulierte, dessen Nachbar nach unglaublichen Kämpfen (diese Geschichte ist ein wirklicher Hit) eine ganz einzigartige Methode ersann, um Herrn E. und Gattin den Weg zur Nachtruhe auf Dauer zu verlegen: „Jeder Mensch hat sein Kreuz zu tragen. Die einen: schwere Krankheiten. Wir haben unseren Nachbarn."

Den Umstand, daß wir bei vielen unserer „Kerngeschichten" mit beiden Seiten sprechen konnten, haben wir bisweilen zu einem kleinen – wie wir meinen legitimen – Kunstgriff genutzt und die Argumente in dialogischer Form gegeneinander montiert. Nicht nur wegen des demokratischen Prinzips, sondern weil darin ein erhellendes, den Sachverhalt bis zur Kenntlichkeit entstellendes Moment steckt. Interessant ist nicht nur das Was (Anlaß, Inhalt des Konfliktstoffes), sondern auch das Wie (Verlauf des Konflikts, Reaktionsweise der Parteien, der Stoff, aus dem die Alpträume sind). Wir bekommen Einblick in die Denkweise, in die Psyche der Kombattanten, in die Mechanik, die solchen Konflikten zugrunde liegt.

Natürlich ist manches schon von Sozialwissenschaftlern, Juristen, Psychologen usw. analysiert und ausgewertet worden. Mit dem Wissenschaften eigentümlichen Effekt: das lebt nicht mehr. Das ist mitunter so bestürzend dröge, hölzern, ledern, daß es schon wieder komisch wirkt.

Aber es gibt auch andere. Mit einem von ihnen haben wir ein Gespräch geführt (s. Seite 89). Es hat etwas mit dem „Nachbarn in uns" zu tun. Mit Aggressionen, die wir vor uns selbst verbergen möchten. Und die sich dennoch Bahn brechen. Was Alexander Mitscherlich 1965 über den modernen Stadtbewohner schrieb, trifft heute erst recht zu: „Man bekommt den Eindruck, daß er zu bestimmten Formen freundlicher Koexistenz nicht fähig ist. Da man nicht unbefangen nachbarschaftliche

Hilfe in Anspruch nehmen kann, wann immer es not tut, entfaltet sich aus der verkrampften Abwehrhaltung die Bereitschaft zu paranoiden Projektionen auf die übrigen Mitbewohner, als wären sie primär feindliche Wesen." „So entsteht ein Zustand der Gereiztheit, in dem alle möglichen Verstimmungen vom bösen Nachbarn hergeleitet werden, obgleich sie ganz andere Ursachen haben."

Bei aller scheinbaren Harmlosigkeit und erhabenen Lächerlichkeit, in den Kriegen am Gartenzaun steckt – auch – ein harter, ein böser Kern: der tierische Wunsch, dem Nachbarn wirklich an die Gurgel zu gehen. Die oft jahrelang und verbissen geführten Prozesse zeugen davon. Hier stirbt die Komik. Hier bleibt das Lachen im Hals stecken. Hier starren die Betroffenen oft in blicklosem Schrecken nur noch die Wand an, von endlosen Kämpfen zermürbt, Opfer eines Prozesses, der ihnen entglitten ist. Auch davon handeln die Geschichten, vom Gelähmtsein und dem Gefühl: nichts wie weg. Verkauf die Hütte! Aber es geht nicht. In aller Regel nicht. Man hat gebaut. Man hat sich verschuldet. Eigentlich ist es doch schön hier. Und wegen dem Idioten da drüben räumen wir nicht das Feld. Wegen dem nicht. Ums Verrecken nicht. Den Triumph gönnen wir dem nicht. Mein Gott, wenn nur der Anwalt nicht so ein Laschmann wäre!

Ohne Anspruch, den soziologischen Setzkasten zu füllen, glauben wir, auf unserer Reise durch die Welt der Hahnenkämpfe dennoch verschiedene „Grundmodelle" gefunden zu haben. Zum einen den handfesten Konflikt, wo beide Seiten verbissen aufeinander eindreschen. Es bewegt sich – oft jahrelang – nichts, die Instanzen klemmen, Anwälte werden wie Geschütze in Stellung gebracht, die Fronten sind verhärtet, Stellungskrieg. Beide Seiten wissen, wovon die Rede ist. Mit Energie und Ausdauer betrieben, kann das auch zu schönem Wahnsinn führen. Dann gibt es die Fälle, in denen sich Kleinigkeiten summieren, oft aberwitzige Details, die sich wahnhaft zu düsteren Wolken aufblähen, die das ganze Leben bestimmen. Das zugrundeliegende Modell: „Ich kann den anderen nicht riechen. Der stinkt mir." – „Alles, was die macht, ist nur gegen mich gerichtet." Hier gibt es Beispiele von Realitätsverschiebung, Rissen im Alltag, psychotisch flackernden schwarzen Löchern auf der geblümten Tapete des properen Eigenheims. Die Seele bebt, gerade ging der Nachbar vorbei, den Dolch im Gewande.

Diese Fälle haben etwas Phantastisches, und wenn man der These folgen will, wirkliche Kunst sei nur durch die Qual der Sublimierung zu erreichen, geradezu etwas Kreatives. Die Leute quälen sich und es kommt etwas dabei heraus: kleine giftige Produktionen, die das Leben vergällen, aber ohne sie wäre es weit weniger farbig, weniger aufregend. Es ist eine Sucht. Man hängt am Nachbarn wie am Tropf.

Bei diesen Fällen hat man oft den Eindruck, die Partner im Streit reden, wenn sie ihre Clinchs beschreiben, von völlig verschiedenen Dingen, und diese Verwirrung der Gefühle hat etwas menschlich Anrührendes. Wenn z.B. Herr N. (s. Seite 80) nach monatelangen Scharmützeln mit seiner Wohnungsnachbarin, in denen verschlossene Kellertüren, pfennigteure Aufkleber an Wänden, Hausordnungsverstöße und verbale Gewalt einen untrennbaren Filz eingegangen sind, fassungslos in seiner Wohnung steht und ausruft: „Ja bin ich es, ist sie es, ist es die Hausgemeinschaft oder wer?"

Es haftet solchen Gesprächen etwas von Begegnungen der dritten Art an. Denn zugleich wirkt dieser Mann so normal, so der Realität verhaftet, gutverdienender Manager, eine wunderbare Wohnung, es ist alles so gediegen, er wäre an jeder Theke ein ruhiger Zuhörer und freundlicher Gesprächspartner. Wenn, ja wenn da nicht diese Frau S. wäre, diese Megäre.

Sie alle haben von sich das Gefühl, sie sind friedlich. Sie suchen keinen Streit. Sie kommen mit jedem aus. Im Prinzip. „Aber glauben Sie mir, mit dieser Frau im Haus, das ist unmenschlich."

Und Frau S., eine freundliche ältere Dame, die es sich gern nett macht, Weltreisen unternimmt und teure Bildungsgüter liest, es geht ein Ruck durch sie, wenn sie vom Nachbarn spricht: „Ein Teufel! Glauben Sie mir, dieser Mann ist ein Teufel."

Und tatsächlich: riecht es nicht im Treppenhaus ein klein wenig nach Schwefel? Oder ist es doch nur das Bohnerwachs auf den blank gewichsten Stufen, in einem Haus, so sauber, daß man vom Fußboden essen könnte.

Um mit dem russischen Dichter Daniil Charms zu reden: Lauter anständige Leute, und können keinen kühlen Kopf bewahren!

Das ist auch ein Aspekt: die Sauberkeit, die Ordnung, die Harmonie der Eigenheime im Sonnenlicht. Und dann dieser Nachbar, der – nach mancherlei Grabenkämpfen – jetzt diese Videokamera auf seinem Dach installiert hat (s. Seite 124). Um uns zu überwachen! Seitdem der das Ding da hat, sitzen wir nicht mehr im Garten. Sauber ist das Leben. Schmutzig sind die Gedanken. Der Müll in uns.

Mitscherlich spricht vom „unglücklichen Versuch, aus Sauberkeit und Ordnung Glück zu gewinnen" als einer Perversion. „Das Wort Perversion, das möchte ich ausdrücklich betonen, ist hier nicht als Metapher oder sonstwie leichthin verwendet. Es stellt vielmehr eine Diagnose dar." Sie ist „eine zu unser aller Unglück in eine Tugend umgedeutete Krankheit: die Krankheit nämlich, mit menschlichen Kontakten nicht ins klare zu kommen und statt dessen reine Böden zu schaffen."

Es gibt die Profis. Veteranen im Nachbarschaftskrieg. Ihre Tatwaffe: die Rechtsschutzversicherung. Manche haben sich ein halbes Dutzend davon auf Halde gelegt, denn nach zwei Fällen pro Jahr fliegt man häufig aus der Rechtsschutz raus, gleichgültig, ob verschuldet oder nicht. Da ist es gut, wenn die Logistik stimmt, der Nachschub für die nächste Schlacht am Gartenzaun.

Und natürlich: es gibt die Opfer. Menschen, die leiden, vor allem seelisch, wenn der Nachbar wegen einer irren Kleinigkeit mit dem Kadi droht. Aber Opfer sein ist nicht schön auf Dauer. Und alles gefallen lassen wir uns schon gar nicht. Wir schlagen zurück. Das Ding werden wir dem rumdrehen. Am eigenen Leib soll der spüren, was er uns angetan hat. Und schon hat stattgefunden, worüber sich schon ganze Philosophenschulen die Köpfe zerbrochen haben: daß wir Täter und Opfer in einem sind.

Und es gibt die Kreativen, Leute, die es nicht scheuen, sich selber auch mal die Hände schmutzig zu machen. Wie das Pärchen, das gegen Nachbars Katze klagte, weil diese angeblich dauernd den Vorgarten der Kläger als Katzenklo mißbrauchte. Und als sich herausstellte, daß sich das Tier keineswegs der Klage entsprechend zu verhalten gedachte, gingen die beiden mit Kehrblech und Besen auf die Straße, sammelten dort alle verfügbaren Katzenexkremente ein und deponierten sie sorgfältig im eigenen Garten, als anrüchige Beweisstücke des Verbrechens. Man muß sich zu helfen wissen.

Edel sei der Mensch, hilfreich und gut? Das verstehen wir schon, sagen die potentiellen Nachbarschaftskämpfer von morgen. – Nur, was ist hilf-?

Deshalb noch einmal: Wir haben keine Nachrichten vom Reich des Bösen zu bieten, kein Brevier einer moralischen Erziehungsanstalt, eher eine kleine schwankende Expedition durchs Alltagsleben, eine Chronik des ganz normalen Wahnsinns, ein Bericht von der Front in uns.

Der Streit mit dem Nachbarn: das ist ein Kosmos. Ein Dschungel. Eine sprudelnde Quelle der Heiterkeit und Bitterkeit. Wo die Wasser tief sind und die Wellen hochschlagen. Aus der uns, für einen spukhaften Augenblick, unser verzerrtes Spiegelbild entgegengrinst.

„Machen wir uns nichts vor", schrieb der amerikanische Philosoph und Therapeut Paul Watzlawick, „was oder wo wären wir ohne unsere Unglücklichkeit? Wir haben sie bitter nötig, im wahrsten Sinne des Wortes. Unglücklich sein kann jeder, sich unglücklich machen aber will gelernt sein."

In diesem Sinne: auf gute Nachbarschaft!

Anmerkung: Die in diesem Buch geschilderten Fälle sind authentisch. Die meisten Personennamen und manche Ortsnamen wurden jedoch geändert.

Kapitel 1

Hinterm Zaun macht der Feind mobil

Dr. Windsack und Prof. Vogelscheuche

Dortmund, 14.5.1990. Prof. Dr. Reinhardt J., Leiter des renommierten Fraunhofer Instituts, hatte ein Schutzbedürfnis. Er sicherte sein Eigenheim im vornehmen Stadtteil Kirchhörde mit einem Zwei-Meter-Palisadenzaun, sechsreihigem Stacheldraht und Schildern mit der Aufschrift: „Vorsicht Selbstschußanlagen."

Sein Nachbar, Kieferchirurg Dr. Dr. Ernst-Otto S. fühlte sich bedroht und klagte auf Unterlassung. Mit Erfolg. J. mußte den Schutzwall abbauen. Statt dessen postierte der Logistik-Professor an der Demarkationslinie zu Nachbars Garten eine Armee Blechvogelscheuchen (Marke „Unhold") und hißte dazu die chinesische Flagge.

Dr. Dr. S. klagte erneut und bekam daraufhin die schriftliche Aufforderung von Prof. J.: „Entfernen Sie Ihren Windsack aus meinem Luftraum." Der Chirurg hatte nämlich „als Antwort auf die schikanösen Scheuchen" einen bunten Windsack in Form eines Fisches auf seinem Garagendach gehißt. Der verletzte, bei Westwind, die gegnerische Lufthoheit.

Die Luftschlacht endete vor dem Landgericht. Bei der Verhandlung wurden Luftsack und Unholde kurzerhand verboten. Prozeßkosten: 3000 Mark. Prozeßdauer: 2½ Jahre.

Das gewässerte Baby

München. Mit einem Wasserschlauch setzte die gegen Kindergeschrei allergische Stenotypistin Rose F. (50) den Kinderwagen der Nachbarin samt sechs Monate altem Baby Melanie unter Wasser. Sie mußte sich jetzt wegen Körperverletzung vor Gericht verantworten. Früher, so die Wasserspritzerin, habe in ihrer Wohnstraße in Obermenzing himmlische Ruhe geherrscht. Doch als in die Reihenhäuser nebenan Ehepaare mit Kindern einzogen, war es mit dem Frieden vorbei. Jeder Schrei aus Kindermund störte die selbst kinderlose Frau, monatelang lag sie mit den Eltern deswegen im Streit. Ihre feuchte Tat wertet sie als „reines Versehen". Obwohl auch die Eltern, die ihrem schreienden gewässerten Baby zu Hilfe eilten, naßgespritzt wurden, sagte Rose F.: „Ich habe den Kinderwagen hinter der Gartenmauer gar nicht gesehen. Ich wollte lediglich mit dem Druckschlauch die Spinnen von der Mauer herunterspritzen." Dies war ihr nicht zu widerlegen. Sie wurde freigesprochen.

Heimwerker

Bochum. Weil er sich nach dreijährigem Streit um die Höhe eines Gartenzauns mit seinem Nachbarn nicht einigen konnte, griff ein 37 Jahre alter Heizungsmonteur zur Selbsthilfe. Mit einer Kettensäge, die er sich eigens für diesen Zweck gekauft hatte, sägte er die Grenzbefestigung (Marke Jägerzaun) in Grund und Boden. Auch ein auf der Grenze stehender Obstbaum fiel dem Säge-Massaker zum Opfer. Laut Polizeibericht stand der Monteur zur Tatzeit unter Alkoholeinfluß. Bei dem Streit ging es um einen Höhenunterschied von 15 Zentimetern.

Rechts ein Teufel, links ein Teufel

„Seit neun Jahren", sagt Herr Otto mit Abscheu in der Stimme, „beharkt sie die Pflanze, wie sie nur kann. Und hinterm Haus, wenn da irgendwas rüberhängt, ist sie gleich am Ackern."

Wir schauen etwas fragend, verstehen nicht gleich. Wenn Herr Otto „beharken" sagt, meint er eigentlich: mit der Axt. Und „ackern" bedeutet offensichtlich den heftigen Gebrauch einer Baumschere.

Herr Otto ist ein Gartenmensch, aber in Grenzen. Das ist

das Problem. Seit 10 Jahren wohnt er mit seiner Familie in einem Mannheimer Vorort, in einem Reihenhaus in Mittenlage, das, was die Makler RHM kürzeln: rechts ein Nachbar, links ein Nachbar, das Grundstück im Handtuchformat, zehn Meter breit, 30 lang. Da wohnt er nun und läßt es blühen und wachsen, Hollywoodschaukel, Gartenteich, die Bäume schlagen aus, und die Nachbarn zurück.

Herr Otto zeigt uns alles. Sein Garten ist der reinste Tatort. Rechts neben der Haustür rankt sich ein Gewächs bis zur Dachrinne hoch, dort, wo das Haus der Nachbarin beginnt, ist es glatt abrasiert, ein merkwürdig verwachsener Strauch. „Ein Geißblatt", sagt Herr Otto. „Von Anfang an hat unsere Nachbarin diese Pflanze nicht gewollt. Einmal, als wir noch ganz gut miteinander sprachen, hat sie ein Blatt aufgehoben, kam dann auftrumpfend zu uns herein und sagte, da würde sie Ausschläge davon bekommen. Da habe ich ihr einfach gesagt: Ja, dann lassen Sie doch die Pflanze einfach in Ruhe. Sie brauchen sie ja nicht anzufassen. Sie soll da ganz still hochwachsen."

Wir schauen etwas zweifelnd. Eigentlich sieht Herr Otto nicht so aus, als wolle er seine Nachbarin auf Pflanzenbasis vergiften.

„Und seitdem ist sie ständig am Ackern, mit der Schere. ‚Damm damm'", macht Herr Otto und bewegt eine imaginäre Riesenschere. „Mein Anwalt schreibt, ihr Anwalt schreibt, es nützt nichts. Und immer mitten rein. Immer schneidet sie in die Ranken, daß oben alles ganz braun wird und häßlich. Sie will an die Wurzel, sie will den umbringen. Aber wenn das passiert, auf meinem Grundstück wohlgemerkt..." Herr Otto läßt den Satz bedrohlich offen.

Sieht er denn die Nachbarin nicht beim Scherenmord, kann er sich nicht mal auf die Lauer legen, um sie auf frischer Tat zu ertappen?

„Alles schon probiert", sagt Herr Otto, „die sind schlau, die warten immer, bis wir weg sind. Wenn wir in Urlaub fahren zum Beispiel: Wir sind kaum eine Stunde weg – das hat meine Tochter zufällig gesehen –, schon legen sie los. Ich weiß gar nicht, wie die das spitzkriegen, daß wir wegfahren. Wir erzählen ihnen das ja nicht, wir reden ja nicht mehr miteinander. Die müssen uns regelrecht beobachten. Kaum sind wir weg, schon ist sie da und schneidet und macht und tut. Beziehungsweise er", fügt er nachdenklich hinzu, und mit plötzlich lauter werdender Stimme: „Er ist ja ihr Knecht. Er macht das. Er", Herr Otto ruft es jetzt deutlich und in einem Tonfall, der ihm vieles zu erklären scheint, „er ist Amerikaner!"

Und ging da nicht gerade die Gardine ganz leicht im Nachbarhaus? Es ist so still und so friedlich.

„Was die nicht wissen", sagt Herr Otto, nun wieder ganz freundlich und deutet auf den malträtierten Busch, „das arme Ding wird ja von dem vielen Geschneide ganz wild. Es treibt ja wie verrückt. Lauter Angsttriebe."

Herrn Ottos Garten ist schön zugewachsen. Aber es gibt ein paar wunde Stellen. Man sieht sie nicht gleich. Herr Otto muß sie uns zeigen.

„Hier", sagt er, „das ist eine Odyssee gewesen. Die Sache mit den Fliesen."

Wir stehen auf der hinteren, sauber gekachelten Terrasse, linkerhand versperrt eine hohe hölzerne Palisadenwand den Blick zum anderen Nachbarn. Mit einiger Kraftanstrengung schiebt Herr Otto sie beiseite, man schaut jetzt auf eine häßliche rohe Ziegelmauer, die direkt dahinter steht, im Abstand von vielleicht zehn Zentimetern.

„Hat mein Nachbar gebaut", sagt Herr Otto, „ganz unfähiger Mann. Konnte nicht messen. Hat die Mauer nicht direkt auf der Grenze, sondern ein Stückchen zurückgesetzt auf seinem eigenen Grundstück hochgezogen. Er hat also quasi fünf Zentimeter von seinem eigenen Grund und Boden verschenkt." Herr Otto sagt das ein bißchen so, wie ein Profi über einen Heimwerker spricht. „Und als dann meine Fliesenleger da waren und meine Fliesen verlegt haben, kam er an und verlangte, daß dieser Streifen jetzt auch verfliest werden sollte, aber nicht mit meinen Fliesen, sondern mit seinen Fliesen."

Wir reiben uns die Augen. Meine Fliesen, seine Fliesen, fünf Zentimeter? Kann das sein? Es klingt so verwirrend.

„Klarer Fall", sagt Herr Otto fröhlich, „dagegen war nichts

einzuwenden. Wenn er schon so blöd war, die Mauer zu seinem Nachteil zurückzusetzen, das war ja sein Fehler. Aber wissen Sie, was der wollte?" Herr Otto schaut plötzlich sehr eindringlich aus.

„Der wollte, daß meine Fliesenleger seine Fliesen verlegen zu meinen Kosten. Ich sollte das bezahlen. Stellen Sie sich das mal vor."

Das gelingt uns, wenn auch mühsam. Aber wir wittern festen Boden. Es geht ums Geld. Will er, daß wir ihn nach den Kosten fragen?

„Ach das", sagt Herr Otto, „nicht der Rede wert. Die halbe Stunde, 30 Mark höchstens. Nein, nein. Als er die Mauer hochzog, hat er mich nicht gefragt. Und jetzt hab' ich ihn auflaufen lassen. War'n netter Briefwechsel. Immer hin und her mit den Anwälten. Sieht doch auch scheußlich aus, die Mauer. Ich hab' dann die Holzwand drangestellt. Sieht einfach besser aus. Wenn der von seiner Seite dichtmacht, kann ich das schon lange. Aber ich mache es wenigstens schöner dicht, finden Sie nicht?" Und er wuchtet die Palisadenwand wieder an den alten Platz, im sauberen Abstand von zehn Zentimetern. Im Niemandsland zwischen den beiden Wänden eine Scheibe dicke Luft.

„Kommen Sie", ruft Herr Otto, und winkt uns ans Ende des Gartens, „wir sind noch nicht am Ende. Es gibt noch viel zu sehen."

In einem Verhau von Nadelbäumen, der ganz undurchdringlich ist, verläuft – sicher ist sicher – ein grüner Drahtzaun, bis zur Ecke, wo das Grundstück von Nachbarin Nummer drei anstößt. Und wie bei diesen Zäunen üblich: alle paar Meter ein Pfosten, grün lackiert, zur Befestigung. Nur auf der Ecke zur Nachbarin, wo der Zaun weiterläuft, stehen zwei Pfosten dicht beieinander, unverbunden, kein Draht dazwischen, eine Lücke von vielleicht 20 Zentimetern. Es fällt einem nicht auf, aber wenn man darüber nachdenkt, scheint es irgendwie blödsinnig.

„Sie hatte ihren Zaun von ihrer Seite zuerst dahingestellt. Später kam meine Gärtnerei und fing mit meinem Zaun an.

Und natürlich haben die – es ist ja haargenau derselbe Zauntyp – da einfach weitergemacht, ich habe sozusagen ihren Eckpfosten mitbenutzt. Nach drei Wochen kam der Brief vom Anwalt: das wäre widerrechtlich geschehen und sie würde sich dagegen verwahren. Ich sofort zu meinem Anwalt, aber wenn sie ihre Zustimmung verweigert, ist nichts zu machen. Ich hab' dann die Gärtnerei beauftragt, das wegzumachen. Bis die kamen, vergingen Wochen. Und in der Zwischenzeit kam sie jeden Tag angerannt und schrie: Der Draht muß weg, der Draht muß weg. Ich hätte ihr ja was dafür bezahlt, wenn ich ihren verdammten Pfosten hätte mitbenutzen dürfen, aber nein: Ich mußte einen zweiten Pfosten da betonieren lassen, mit Abstrebe und allem Drum und Dran, 300 Mark und dieses Geschrei, ich sage Ihnen: heftig. Alle Nachbarn sind zusammengelaufen. Es war wie auf der Volksbühne. Ich hab' gebrüllt wie ein Eber. Obwohl, heute bin ich ja ruhiger geworden", sagt Herr Otto. „Meine Frau, die regt sich immer noch auf."

Wie lebt es sich mit solchen Nachbarn? Wie hält man das aus, auf Dauer?

„Wissen Sie", sagt Herr Otto, „wenn Sie sich ein bißchen Geld zusammengespart haben, und Sie bauen sich, aus der Not heraus, halt nur ein Reihenhäuschen, wie man so sagt, und Sie legen Ihre ganze Arbeitskraft da rein, ein Eigenheim zu haben: und haben rechts so einen Teufel und haben links so einen Teufel. Manchmal liegen Sie nachts im Bett und denken: Verkauf die Hütte! Hau ab."

Herr Otto ist 50 Jahre alt. Und wie er da so steht, im hellen Sonnenlicht am Samstag nachmittag, in diesem Traum eines Bausparers: Glücklich sieht er nicht dabei aus. Aber richtig unglücklich auch nicht.

In jedem Fall: Er gibt nicht auf. Er findet Mittel und Wege. Er könnte uns noch stundenlang so Sachen erzählen. Seine Frau hat alles in der Akte. Jeden Brief vom Anwalt. Wenn die ihm komisch kommen, kommt er denen auch komisch.

Zehn Jahre hier wohnen, das heißt zehn Jahre Streit. So ist das. „Es gibt auch nette Nachbarn. Aber die wohnen weit weg."

Natürlich, sein Garten ist in der Zwischenzeit schon ganz

eingemauert. Überall hohe Wände, alles von den Nachbarn. „Wenn es nicht mehr läuft", sagt Herr Otto, „wird die Welt mit Brettern vernagelt." Hören wir da leichten Sarkasmus?

„Es sind die kleinen Sachen, die Freude machen", sagt Herr Otto bescheiden, „sehen Sie die Wand da?"

Wir starren auf die übermannshohe Bretterwand, vom Feind gebaut, gegen Herrn Otto.

„Mit der Zeit hat das Holz ja ein bißchen nachgegeben, es gibt Ritzen dazwischen. Und im Sommer, wenn sich meine Frau zum Beispiel hier im Garten sonnt, oder meine Tochter, das ist ein junges flügges Ding, dann steht dieser Mensch da hinter den Ritzen und schaut durch, der Spanner."

Der Amerikaner?

„Genau", sagt Herr Otto. „Na, dem hab' ich so einen Klebestreifen auf die Ritzen geklebt. Und am nächsten Tag war der abgerissen. Wieder hingeklebt. Wieder abgerissen. So geht das in einer Tour. Ist schon wie 'ne liebgewordene Gewohnheit. Reden? Mit denen? Nee, nee, hat überhaupt keinen Zweck. Wissen Sie was? Das mit dem Reden stört mich nicht mehr. Wir haben genug andere Freunde. Auch wenn's komisch klingt: Ich steh' hier manchmal und schau' um mich rum. Und seh' es wachsen und blühen, und werd' ganz ruhig und zufrieden. Es wächst sogar vom Nachbarn rüber. Sehen Sie, da drüben: der Rhododendron, oder da, der Kirschbaum in Schräglage; wächst ja alles zu uns rüber. Ich laß es wachsen. Ich habe ja nichts dagegen. Ich bin ja nicht", sagt Herr Otto und schaut selber etwas verwirrt aus ob dieser Aussage, „der Papst. Um Gottes willen."

Der Bretterzaun

Zwei Einfamilienhäuser nebeneinander. Die Leute mögen sich nicht mehr, es hat Streit gegeben wegen diesem und jenem. Der eine Nachbar baut jetzt einen Riesenholzschuppen und einen 13 Meter langen und 2,8 Meter hohen Bretterzaun dicht an die Grenze. Der andere Nachbar klagt. Das Gericht entscheidet: der Schuppen muß weg (zu geringer Grenzabstand, nicht ge-

nehmigtes Bauwerk), der Bretterzaun muß auf 1,50 Meter her-
untergesägt werden. (OLG Frankfurt, Az.: 3 U 189/86.)

Die Mauer

Jahrelang trennte ein Jägerzaun zwei Grundstücke in Hannover. Jetzt setzte ein Nachbar eine 1,80 Meter hohe Mauer direkt an den Zaun. Der andere Nachbar klagte auf Durchblick.
Das Landgericht Hannover wies ihn ab. Abschottungen bis
1,80 m Höhe bedürfen nicht der Zustimmung des Nachbarn.
Az.: 20 S 151/89.

Die Motorsäge

Frankfurt. Einen neuen Baum muß ein Nachbar pflanzen, der
zur Säge griff. Zu diesem Ergebnis kommt ein Grundsatzurteil
des Frankfurter Landgerichts, das in mehrfacher Hinsicht neue
Maßstäbe setzt. Nach achtjähriger gemeinsamer Pflege von
Bäumen und Büschen auf der Grundstücksgrenze kam es
plötzlich zwischen zwei Nachbarn zum Streit. Mit der Begründung, der Baum nehme ihm das Sonnenlicht und diene überdies als Absprungbasis für Nachbars Katze, die auf seinem
Grundstück Singvögel schlage, wurde der Nachbar initiativ,
griff zur Motorsäge und halbierte das inkriminierte Gewächs.
Einen Zaun wollte er jetzt haben.

Die Richterin forderte nicht nur „Wiederherstellung des alten Zustands", sondern auch Einsicht auf mehreren Ebenen:

1. sei es gerichtsbekannt, daß eine Katze auch einen Zaun ohne
   weiteres überwinden kann,
2. hätte es zur Grünbefestigung der Zustimmung des Nachbarn bedurft,
3. bestehe angesichts der tagtäglichen Vernichtung riesiger
   Grünflächen ein gesteigertes Interesse des Menschen, Bäume und Büsche in seiner nächsten Umgebung zu erhalten,
4. diene die Bepflanzung dem objektiven Vorteil beider
   Grundstücke, da sie durch Sauerstoffproduktion zur Luft-
   verbesserung beitrage und

5. den Parteien voreinander Sichtschutz gewähre.

Mit anderen Worten: es ist unklug, einen Baum zu fällen, der einem den Anblick des Feindes erspart.

Die Erdaufschüttung

Gelnhausen. Zum vierten Mal vor Gericht trafen sich Familie M. und Familie K., die seit fünf Jahren in Nachbarschaftsfehde leben. Ausgangspunkt des Streits war der ungenügende Grenzabstand zweier Rotbuchen auf dem Grundstück der Familie M. Die mittlerweile zehn Meter hohen Bäume nehmen Familie K. einen Teil des Sonnenlichts und hindern sie am Sonnenbad auf der Terrasse. Ihre Klagen wurden bislang alle abgewiesen, doch der Streit geht jetzt in eine neue Runde. Familie M. hat nämlich an ihrer Grundstücksgrenze eine Erdaufschüttung vorgenommen und mit einer 67 Zentimeter hohen Natursteinmauer abgesichert. Gegen diese – angeblich genehmigungspflichtige – Veränderung klagen jetzt die Eheleute K.

Das Familienprogramm

Der Nachbar hat jetzt diesen Zaun gebaut. Was heißt Zaun, das ist gar kein Zaun, obwohl das Gericht von einem „Holzflechtzaun" spricht. Ganz undurchsichtig ist er, wie eine Mauer. Vielleicht hatten wir selbst auch schon an so was gedacht – der Nachbar ist ein bißchen komisch geworden in letzter Zeit –, aber jetzt ist er uns zuvorgekommen. Ein blödes Gefühl. Er ist aktiv geworden, und wir haben das Nachsehen. Er ist der Tatmensch, und wir schauen dumm aus der Wäsche. Nicht schön, wenn man so zum Deppen gemacht wird. „Seit dem Bau dieses Zaunes", so das Gericht auch ganz richtig, „besteht zwischen den Parteien Unfrieden." Genau. Aber das geht doch von dem aus, nicht von uns. Aber wir haben, Gott sei Dank, den Schwiegersohn im Haus. Findiger Typ. Echter Bastler.

Das Gericht: „Ende Januar installierte der Schwiegersohn in einem drehbaren Kästchen, das an der auf dem Dach stehenden Fernsehantenne angebracht war, eine insbesondere auch in

Blickrichtung auf das Grundstück des Klägers zu bewegende Videokamera."

Bißchen langatmig ausgedrückt, aber genau so war's. Der wollte uns die Sicht vernageln, aber wir haben dem gezeigt, daß wir die Leute sind, die den Überblick haben. Und das letzte Wort. War auch ganz schön. Abends zwischen den Programmen konnte man immer mal zum Nachbarn rüberzappen und schauen, was der macht. Wir haben viel Spaß gehabt. Der ist richtig verrückt geworden. Was ich nicht verstehe, ist, daß das Gericht sich so radikal auf dessen Seite gestellt hat. Wegmachen sollten wir das Ding per einstweiliger Verfügung. Unser Eigentum auf unserem Eigenheim. Haben wir uns nicht gefallen lassen.

„Auf den Widerspruch der Beklagten ist die Anordnung durch Urteil des Landgerichts aufrechterhalten und zugleich durch Beschluß dem Kläger gestattet worden, die Beseitigung der Kamera selbst vorzunehmen und sich zur Beseitigung des Widerstandes der Beklagten eines Gerichtsvollziehers zu bedienen."

Ist doch ein starkes Stück. Droht uns mit dem Kuckuck. Haben wir die Kamera eben abgebaut. Daß irgendwelche Fremden im Haus herummachen dürfen, ist doch eigentlich Einbruch in die Intimsphäre. Und das auch noch mit dem Segen des Gerichts. Diesen Triumph haben wir dem nicht gegönnt.

Gut, auf dem Dach war die Kamera verboten. Wir haben uns natürlich überlegt, was wir jetzt machen sollten. Einfach klein beigeben war nicht drin. Und dann hatten wir eine Idee.

„Nachdem der Schwiegersohn der Beklagten eine weitere Kamera etwa Anfang August unmittelbar hinter dem Grenzzaun und in Richtung auf das Grundstück des Klägers in einem noch höher und auf einem Metallblock angebrachten Vogelhäuschen feststehend installiert hatte, haben die Kläger ein Urteil erstritten, durch das den Beklagten aufgegeben worden ist, auch diese Kamera zu entfernen."

10 000 Mark Schmerzensgeld wollte der jetzt haben. Dabei haben wir vor Gericht gesagt, daß die Kamera im Vogelhäuschen ja nicht auf den Nachbarn im speziellen, sondern auf den

schön bewachsenen Hausgiebel gegenüber gerichtet war. Beim Ortstermin hat uns der Richter nicht geglaubt, obwohl auch der Hausgiebel im Bild war. „Wie die Beklagten den Richter einer zumindest objektiv unrichtigen Wahrnehmung zeihen können, ist unergründlich." Als ob Richter sich nicht auch mal vergucken könnten.

Berufung hin, Berufung her, zu 5000 Mark haben sie uns verdonnert. Wegen schwerwiegender Verletzung des Persönlichkeitsrechts. Nur ein Jahr insgesamt waren die Kameras unter Strom. Und das Gericht hat getan, als hätten wir dem Nachbarn Gottweißwas zugefügt. Wir hätten den Nachbarn observiert und bedroht, „so daß der Kläger gleichsam in einem antiseptisch abgegrenzten Gefängnis habe leben müssen". Merkwürdig geschaut hat das Gericht auch, als unser Schwiegersohn gesagt hat, laut Aktenlage, „wir werden im Antennenkästchen wieder eine Kamera installieren", und als Grund „Sicherheitsbedürfnis" angegeben hat. Darf man sein Eigentum jetzt nicht mehr schützen? In jeder Bank, in jedem Supermarkt hängen doch Kameras. Die dürfen das. Und wir nicht. Im Prinzip fühlen *wir* uns gefilmt. Und zwar vom Gericht. (Auszüge aus dem Urteil: OLG Köln, Az.: 18 U 37/88.)

Der Drecksack

Den Nachbarn an den Galgen zu bringen ist seit einigen Jahrzehnten nicht mehr möglich. Ersatzweise eine Puppe daran zu hängen mit der Aufschrift „Ich war ein Drecksack", und das Ganze an des Feindes Grundstücksgrenze zu postieren, ist auch nicht nett. Das fand auch das Gericht:

„Die Errichtung des Galgens mit einer daran befestigten Puppe stellt eine vom Kläger nicht hinzunehmende Beeinträchtigung der Nutzungsmöglichkeit seines Grundstücks sowie darüber hinaus des allgemeinen Persönlichkeitsrechts dar. Zwar ist ein Beseitigungs- und Unterlassungsanspruch im allgemeinen nicht bereits dann begründet, wenn ein Grundstück einen das ästhetische Empfinden des Nachbarn oder dessen sittliche Wertvorstellungen verletzenden Anblick bietet. Doch stellt die Errichtung des Galgens mit einer daran am Strick hängenden Puppe eine zielgerichtete sittenwidrige Schädigung des Klägers dar, deren Beseitigung er verlangen kann. Das Recht des Beklagten, mit seinem Grundeigentum nach Belieben zu verfahren, wird durch die infolge des nachbarlichen Verhältnisses gebotene Pflicht zur gegenseitigen Rücksichtnahme begrenzt. Damit ist die nicht nur einen abstoßenden und geschmacklosen Anblick bietende, sondern auch als gezielte Kränkung zu verstehende Darstellung eines Galgens nicht zu vereinbaren. In diesem Zusammenhang kann es dahingestellt bleiben, ob die Puppe zum Zwecke der Drohung den Kläger oder als Anspielung auf einen vorausgegangenen Vorfall den Anwohner Z. symbolisieren sollte. Das Verhalten des Beklagten stellt in jedem Fall eine sittlich verwerfliche Belästigung seines Nachbarn dar. Neben dem naheliegenden Verständnis, der Beklagte werde dem Kläger ein mit dem Galgen symbolisiertes schweres Unheil zufügen, konnte jener allenfalls noch von einem ihm gegenüber nicht minder verwerflichen Vorwurf ausgehen, er versuche, den Anwohner Z. ‚an den Galgen zu bringen‘. Auch unter Zugrundelegung des zwischen den Parteien bestehenden gespannten Verhältnisses stellt das Verhalten des Beklagten nach dem jeweils denkbaren Erklärungsgehalt einen gegen die guten Sitten verstoßenden und nicht mit dem Schikaneverbot zu vereinbarenden Mißbrauch der sein Grundstück betreffenden Eigentümerstellung dar.“ (Landgericht Limburg, Az.: 3 S 262/85.)

Kapitel 2

Das Tier in uns

Die Beißer

Essen. Mit einer Beißerei unter benachbarten Hundebesitzern endete eine Keilerei zweier Vierbeiner. Wie die Essener Polizei berichtete, gerieten sich die beiden Männer in die Haare, nachdem einer der Hunde bei der tierischen Beißerei verletzt wurde. Nachdem die kämpfenden Hunde getrennt werden konnten, fielen die Hundebesitzer zunächst verbal und später auch körperlich übereinander her. Einer der Kontrahenten schlug dabei seine Zähne in den Unterarm des anderen und fügte ihm eine tiefe Wunde zu. Der Gebissene mußte sich im Krankenhaus behandeln lassen.

Ich nenn' ihn jetzt Placido

Da war einmal dieser Frosch, der in den Teich eines Journalisten hüpfte, der ein Sprecher eines Ministers in Mainz ist und dort ein wundervolles Haus hat, eine wundervolle Frau, einen wundervollen Garten, so japanisch und zugleich ganz organisch, wo alles zusammenpaßt, ein echtes Biotop, aber eines der höheren Lebensart, wo man Sushi ißt und Gustav Mahler hört, wo der Kopf genießt und nicht der Bauch, wo man still seinen Gedanken nachtrauert oder ganz leer den Tönen der Natur lauscht, und wo der Frosch gleich hineinplatschte ins integrierte Miteinander und sich nicht als letztes Glied einer Nahrungskette zu ängstigen brauchte, wie der Minister Bangemann in Brüssel, der, als sie jetzt europaweit die Frösche schützten, gesagt hat, ich bin sehr froh darüber, daß sie sich in Ruhe vermehren können, ich esse sie so gern.

Und daneben war dieser andere Journalist, herrliches Haus, herrlicher Garten undsoweiter, der ein Redakteur beim Fernsehen ist und zwei Krimi-Reihen verantwortet; der hörte den Frosch und wollte es nicht, dieses quakende Männchen, die Schreie der Lust in der Nacht, nur zehn Zentimeter lang war das Tier und ein Ton wie ein Preßlufthorn, an Schlaf nicht zu denken, aber da er ein gebildeter Mensch ist, mit feinem Sinn für Humor, bat er den Teichherrn, „den eventuell nur verzauberten Prinzen aus seiner peinlichen Lage zu befreien", so wörtlich und schriftlich, und schon begann das Konzert zweier professioneller Volltöner.

Der Naturfreund und Eigner des Teiches nämlich wollte dem Frosch „nicht das Recht zur freien Ansiedlung durch eigene Entscheidung beschneiden", ich freue mich, wenn er quakt, sagte er, außerdem frißt er mir meine Schnecken weg, ist nett und singt, für mich singt er, das ist die Sachlage, sagte er, ich habe zu dem ein Verhältnis gebildet, der ist mein Gast jetzt, ich sehe den wie einen Untermieter, der mit Gesang bezahlt, statt mit Geld, und außerdem, das muß ich sagen, auch ich war erstaunt, was so ein kleiner Kerl von sich bringt, rein akustisch, ich nenn' ihn jetzt Placido, erst mal als Arbeitstitel.

Das Abschieben des Krachmachers ins Asyl der Kunst wollte der Fernsehmann keineswegs dulden und beschrieb nun gefühllos den Lurch als „ein Lebewesen, das am unteren Ende des Tierreiches rangiert und seinen höchsten Zweck gemeinhin in medizinischen Labors erfüllt", und setzte roh nach: „Ich fordere Sie auf, die Kröte zu entfernen und zu verlegen in menschenferne Gewässer, oder – wenn das nicht gelingen sollte – diese nächtliche Störquelle durch einen natürlichen Feind (Schlange oder Klapperstorch) oder durch einen vergifteten Köder ins Jenseits befördern zu lassen"; da war es heraus, Aufruf zu strafbarem Tun, Mord und Gewalt, tierische Killer wollte der haben, der Experte vom Fernsehen für Kriminelles.

Selbst wenn ich wollte (ich will aber nicht), antwortete postwendend der Froschherr, ich darf es nicht, es ist strafbar, denn erstens: der Frosch, Rote Liste ganz oben beim Artenschutz, und zweitens: schon in der Bibel geschützt, und drittens: wissenschaftlich höchst wichtiges Tier, und außerdem, weiß denn der Mann nicht, daß der Frosch nur bewegliche Sachen frißt und niemals Köder, will er, daß ich meine Wildenten vergifte, die Igel, die Tauben, die Amseln, meine Hunde, die zwei kleinen Kinder, ich glaube, ich geb' jetzt das Ganze den Jungs von der Presse, und das machte er auch, und da es Sommer war und Sauregurkenzeit, blies die Journaille die Sache gehörig auf, nach dem Motto: die Narren sind los, in Mainz schon im Juli.

DM 50000 und keine Mark weniger will der Fernsehmann jetzt vor Gericht erstreiten, auf dem Weg der Zivilklage, mit der Begründung, sein Kontrahent habe seine öffentliche Stellung mißbraucht und seinen, des Klägers, Namen, Adresse und den gesamten Briefwechsel publik gemacht, er habe durchaus Sinn für Humor, aber jetzt sei der Nachbar doch komisch geworden. Das Geld, so der Kläger, werde er dann je zur Hälfte dem Naturschutz und einer Organisation für Lärmbekämpfung stiften. Der Prozeß läuft noch, der Frosch ist schon längst über alle Berge, auf der Suche nach neuen Gefährten, die das Maul aufreißen.

Und wenn er nicht gestorben ist, wird man sie bald wieder quaken hören.

Affe los

Frauen und Männer am Rande des Nervenzusammenbruchs? Affentheater im Justizpalast?

Zu einer wilden Redeschlacht kam es vor dem Frankfurter Amtsgericht. Affenfreunde und Affenfeinde gingen aufeinander los. Im Mittelpunkt stand „Tarzan", der Schreihals mit dem Klammerschwanz. Gegen seinen Halter klagte der Nachbar, ein 61jähriger Hausbesitzer. Ein „Terroraffe" sei dieses Tier, das bis zu hundertmal hintereinander in seinem Käfig Schreie loslasse, so intensiv, daß sie den Tatbestand der Körperverletzung erfüllten. Ein solches „Urwaldvieh" gehöre in den Zoo und nicht in den Hof eines Hauses in einem dichtbesiedelten Wohngebiet.

Als alle Beschwerden nichts nützten und der Affenhalter, 68

Jahre und auch Hausbesitzer, nicht zur Trennung von Tarzan zu bewegen war, rief der Nachbar die Justiz an und legte ein ärztliches Attest über vegetative Zerrüttung vor. Das Gericht verurteilte den Affenhalter zu 800 Mark Geldstrafe. Der indes verweigerte die Zahlung, das Gericht beraumte einen Lokaltermin vor dem Käfig im Hinterhof an. Tarzan schrie zwar, aber offenbar nicht in rechtsrelevantem Ausmaß. Vor Gericht wurden jetzt die Zeugen gehört. Jeder Hausbesitzer ließ vorzugsweise seine Mieter antreten. Beim Herdenauftrieb waren die Affenfreunde eindeutig in der Mehrzahl. Tarzans Schreie klängen wie melodisches Vogelgezwitscher (eine Hausfrau); wie bei einem Papagei (eine Lektorin); es quietsche höchstens mal ein wenig (eine Lehrerin); man nehme es überhaupt nicht wahr (ein Regierungsdirektor).

Dagegen die Affengegner: man könne bei dem Krach tagsüber weder schlafen noch Spanisch lernen (eine Stewardeß); konzentrierte Arbeit sei unmöglich, denn der Affe kreische bis zu sechzigmal in einer halben Stunde (eine Fotografin, die dem Gericht eine Strichliste der Affenschreie vorlegte).

Das Gericht kam zu dem Schluß, daß von Tarzan keine erhebliche Belästigung ausgehe. Der Richter sprach den Affenhalter frei und erklärte, der klagende Nachbar sei in einem Maß auf den Affen fixiert, daß er sich Sorgen um seine geistige Gesundheit mache. Der Anklagevertreter, der auf Bestrafung plädiert hatte, überlegt, ob er nicht die nächste Runde im Affentheater einläuten soll.

Ausflugssperre

30 Brieftauben hat einer im Dorf. Sie gurren, klatschen mit den Flügeln, scharren in der Dachrinne, lassen hier und da was fallen. Das stört den Nachbarn. Er klagt durch zwei Instanzen.

Das Gericht dazu:

1. Taubenhaltung in einem reinen Wohngebiet ist grundsätzlich unbedenklich.
2. In einer dörflichen Umgebung geradezu üblich.

3. Klatschen und Gurren sind „ohne besonderen Informationswert" und daher nicht störend.

4. Gut gefütterte Brieftauben benutzen ihre Freiflugzeit nicht zur Nahrungssuche, sondern zu Trainingsflügen. D.h., sie sind die meiste Zeit gar nicht da.

5. Die Brieftauben sind ärztlich überwacht und geimpft und keine Seuchenträger. Eine gesundheitliche Gefährdung durch sie ist nicht gegeben.

Allerdings: das Gericht legt dem Taubenzüchter Beschränkungen auf. Es setzt die Höchstzahl auf 20 Tiere fest, den täglichen Freiflug auf zwei Stunden, Ausflugssperre in der Zeit der Aussaat auf die Felder. (OLG Celle, Az.: 4 U 130/87.)

Summ Summ

Wer gegen Bienen klagt, bekommt keinen Stich. Wer ein Eigenheim im Grünen bezieht, muß die Bienen des Nachbarn dulden. Zumindest dann, wenn es sich um die als besonders friedlich geltende Neuzüchtung der „apis mellifera carnica" handelt. Dies hat, wie die Verbandszeitschrift der Imker Schleswig-Holsteins in ihrer jüngsten Ausgabe bejubelt, jetzt in zweiter Instanz und rechtskräftig die 8. Zivilkammer des Landgerichts Kiel entschieden. (Az.: 8 S 251/89.)

Der Streit begann, als ein Hobby-Imker auf seinem Grundstück am Rande von Kiel zwei Bienenvölker ansiedelte. Der Nachbar fürchtete um seine beiden kleinen Kinder und zog vor Gericht. Ein Sachverständiger informierte sich vor Ort über die Fluggewohnheiten der Insekten. Ergebnis: Der Bienenschwarm verließ kaum die heimatliche Terrasse, weil eine zwei Meter hohe Hecke seine Flugversuche bremste. Auflage des Gerichts: Die Bienenstöcke müssen mindestens sieben Meter von der Hecke entfernt stehen.

Eine andere Sache ist jedoch die Eigentumsfrage. Angenommen, Sie machen einen Spaziergang, und Nachbars Bienenschwarm kommt Ihnen entgegengeflogen. Wem gehört er? Dem Nachbarn? Eben nicht. Das Bürgerliche Gesetzbuch in seinem Paragraph 961 sagt klar: „Zieht ein Bienenschwarm aus, so wird er herrenlos, wenn nicht der Eigentümer ihn unverzüglich verfolgt." Was herrenlos ist, gehört keinem. Man kann sich's nehmen. *Vorausgesetzt (s. o.), man klagt nicht gegen Bienen.*

Nervensache

Zur Auflage, seine 20 Hähne nachts schalltot zu machen, verurteilte das Landgericht Ingolstadt einen Hobbyzüchter, der vom Nachbarn verklagt worden war. Denn: „Es kam zu Ruhestörungen dahingehend, daß ein ungestörter Aufenthalt im Freien nicht gewährleistet war. Die Kinder der Kläger haben bekundet, daß im Sommer die Fenster geschlossen werden mußten, weil die Hähne gekräht haben." Und schließlich, so das Gericht feinfühlig, „stellt sich bei einem periodischen Krähen bei dem Gestörten eine Erwartungshaltung ein, aus der heraus die plötzlichen und schrillen Töne des Krähens als besonders lästig empfunden werden". (Az.: 4 O 1279/88.)

Die Schlangenfrau

Elf Schlangen, darunter drei zwei Meter lange Boas, sowie etwa 100 Ratten und Mäuse hielt sich die Tochter eines Wohnungsinhabers in ihrer 80-Quadratmeter-Wohnung in Kassel. Die Nager züchtete die junge Frau als Lebendfutter für ihre Kriechtiere. Wenig Begeisterung für dieses Hobby, insbesondere für diese Art der Vorratshaltung, zeigten jedoch die Miteigentümer der Wohnanlage. Per Mehrheitsbeschluß wollten sie das Halten der tierischen Hausgenossen verbieten. Gegen diesen Beschluß ging wiederum der schlangenliebende Wohnungsbesitzer vor. Mit dem Argument, er fühle sich in seiner Freiheit eingeschränkt und könne in seiner Eigentumswohnung machen, was er wolle, klagte er beim Amts- sowie beim Landgericht in Kassel, allerdings ohne Erfolg. In dritter und letzter Instanz entschied jetzt das Oberlandesgericht in Frankfurt den Streit. Es verbot Schlangen und Schlangenfraß. Begründung: Bei der Schlangenzucht handele es sich um Tiere, „die üblicherweise nicht zur allgemeinen Lebensführung gehörten und somit den ordnungsgemäßen Gebrauch einer Wohnung überschreiten". Nach Ansicht der Richter paßten diese Tiere vielmehr in „zirzensische Darstellungen" oder – wie im Fall der Ratten und Mäuse – in „unsaubere Gefilde". Das Gericht sah es als erwiesen an, daß in der Wohnung „alles andere als Haustiere" gehalten würden und äußerte die Ansicht, eine weitere Beherbergung von Schlangen und Ratten könne zur Wertminderung der Wohnungen der übrigen Eigentümer führen. (OLG Frankfurt, Az.: 20 W 149/90.)

Hundekrieg

I.

Frankfurt, 4. 5. 1991. Im ruhigen Lohrbergviertel gehen Nachbarn auf die Barrikaden. Sieben ausgewachsene Schäfer- und zwei Mischlingshunde läßt ein 43 Jahre alter Frankfurter dort seit sieben Monaten auf eigenem Gelände unbeaufsichtigt herumtollen und bellen. 26 Anwohner, die sich durch den Lärm gestört fühlen, haben beim Ordnungsamt Beschwerde eingelegt und fordern ein Einschreiten der Behörde gegen das Gekläffe im Naturschutzgebiet. Abteilungsleiter Günther Wassermann: „Unsere Beamten vom Feld- und Streifenschutz werden nun massiv einschreiten."

Untersagt wurde dem Hundebesitzer bereits das Halten der beiden Mischlinge, weil die „amtsbekannten Hunde" (Wassermann) wilderten und zahlreiche Hasen und Kaninchen getötet hatten. 800 Mark Zwangsgeld soll der Kaufmann nun zahlen, weil er der Verfügung vom Oktober vergangenen Jahres nicht nachkam. Sein Widerspruch dagegen wurde abgelehnt.

Der 43jährige Hundenarr hat den Tieren auf seinem Grundstück eigens ein Haus gebaut und das Gelände mit einem elektrischen Zaun umgeben. „Doch sobald jemand vorbeigeht", sagt einer der Anwohner, „schießen die Viecher los und bellen wie wahnsinnig." „Blödsinn", sagt der Hundehalter, „nur zwei meiner Hunde bellen. Ich hab' schon gedacht, die anderen hätten was am Hals, weil sie nicht bellen."

Für unverschämt halten die anwohnenden Seckbacher eine solche Aussage. Zudem wächst die Angst. „Der spaziert mit seiner Meute draußen frei herum und läßt sie von der Leine", meint ein Nachbar. „Sie bekommen einen Riesenschrecken, wenn plötzlich neun große Hunde auf Sie zustürmen."

Unfug, sagt der Hundehalter. Und um zu beweisen, wie harmlos seine Tiere sind, stieß er auf dem Flur des Ordnungsamtes die Mischlingshündin „Jenny", die er zum Widerspruchstermin mitgenommen hatte, mit dem Fuß in die Weichteile. „Faß", rief er und deutete auf einen im Gang weilenden Amtsjuristen. Doch „Jenny", die Killerin von Hasen und Kaninchen, verschmähte den Beamten, für den 43jährigen ein Beweis für die Ungefährlichkeit seiner Tiere.

Den klagenden Nachbarn empfahl er, als Gastgeschenk für seine Hunde künftig stets ein Stück Fleisch oder Wurst mit sich zu führen. „Das stärkt die Freundschaft zwischen Mensch und Tier", sagte er.

II.

Frankfurt, 28. 8. 1991. Der Hundekrieg am Lohrberg geht weiter. Für „offensichtlich rechtswidrig" erklärten die Richter der 5. Kammer des Verwaltungsgerichtes Frankfurt in einem Eilverfahren eine Verfügung des Ordnungsamtes. Nach dieser Verfügung mit Sofortvollzug sollten einem 44jährigen Immobilienhändler sieben Schäfer- und zwei große schwarze Mischlingshunde weggenommen und ins Tierheim gebracht werden. Grund: zahlreiche Beschwerden von Anwohnern gegen das Herumstreunen und aggressive Verhalten der Tiere. Sie hatten nach Feststellung des Ordnungsamtes im Naturschutzgebiet ständig Krawall gemacht, einer der Hunde soll sogar ein Schaf gerissen haben.

Den Sieg des Hundehalters ermöglichten zwei Fehler des Ordnungsamtes: 1: Im Amt hatte man erst vier Wochen nach dem Vorfall mit dem Schaf reagiert. 2: Die Beamten hätten auf die Verfügung den Stempel „Magistrat der Stadt Frankfurt" und nicht, wie geschehen, den Stempel „Der Oberbürgermeister der Stadt Frankfurt, Ortspolizeibehörde" drücken müssen.

Der OB-Stempel dürfe nur verwendet werden, wenn Gefahr im Verzug sei, urteilten die Richter.

Der Besitzer der Hundemeute geht die Sache mit beträchtlichem Aufwand an. Laut eigener Aussage hat er bereits seit Weihnachten vergangenen Jahres einen Mitarbeiterstab damit beauftragt, die beschwerdeführenden Anwohner einzeln aufzusuchen. „Niemand hat etwas gegen meine Kinder", definiert er sein Verhältnis zu seinen Hunden, „die Nachbarn sind alle sehr nett, bis auf einige Querulanten. Meine Leute fragen ganz höflich." Höfliche Fragen sind manchen Nachbarn nicht erinnerlich. Am letzten Samstag kam es am Gartenzaun zu Sätzen wie: „Wer meine Hunde umbringen will, der soll sein Schicksal mit ihnen verknüpfen."

Der Hundehalter bestätigt diese Aussage. Das Ordnungsamt schweigt sich über ein weiteres Vorgehen aus.

Katzenjammer

Auch Katzen eignen sich gut als Prozeßgegenstände. Sie haben die streitbeflügelnde Eigenschaft: sie lassen sich schlecht reglementieren.

Weil sie unerlaubt sein Grundstück betreten und, in Tateinheit des Einbruchs und der Sachbeschädigung, in seinem Schlafzimmer auf die Bettlaken uriniert habe, überzog ein Kläger Katze und Nachbarn wegen Erstattung der Reinigungskosten mit einem jahrelang erbittert geführten Prozeß vor dem Amtsgericht Mannheim. In seinem Urteil hub das Gericht in gewaltigem Bogen an:

„Seit Jahrhunderten (seit der Zeit der Kreuzzüge) wird in Deutschland und Europa, seit fünf Jahrtausenden wird in anderen wärmeren Gegenden der Erde die Hauskatze (felis domestica) zur Mäusevertilgung gehalten. Katzen gehören daher von alters her zur natürlichen Umwelt des Menschen. Ihre Haltung ist auch heute noch Bestandteil der allgemeinen Lebensführung und daher grundsätzlich jedermann gestattet." Und entschied auf Freispruch. Grund: Die Täterschaft sei der Katze nicht nachzuweisen. (Az.: 9 C 5/84.)

Für Reibereien günstig stehen die Sterne, wenn Katzenfreunde und Vogelliebhaber dicht aufeinander wohnen.

Übersteigen der Grundstücksmauer, Vogeljagd und Verschmutzung seiner Terrasse durch Nachbars Katze wollte ein Kläger nicht länger dulden. Das Amtsgericht Passau gab ihm recht. Grund: Bereits das Betreten seines Grundstücks durch die Katze stelle einen störenden Eingriff in sein Eigentum dar.

Ebenfalls recht in einem ähnlichen Fall gab das Amtsgericht Augsburg einem Kläger, der die Katze des Nachbarn qua Urteil von seiner Vogeltränke verscheuchen wollte. In zweiter Instanz wurde die Klage abgewiesen, unter messerscharfer Klärung der Besitzverhältnisse an fliegenden Gegenständen:

„Freifliegende Vögel sind nicht Bestandteil seines (des Klägers) Besitzes und werden es auch nicht, wenn sie seine Vogeltränke aufsuchen. Diese Tiere kommen und gehen wie sie wollen und sind deshalb herrenlose Sachen im Sinne des Gesetzes. Bestandteil des Grundstücks des Klägers sind sie nicht. Wenn daher die Katze der Beklagten den Vögeln auf dem Grundstück des Klägers nachstellt, wird das Besitzrecht des Klägers nicht beeinträchtigt." (Az.: 4 S 2099/84.)

Zu verblüffenden Entscheidungen gelangen Gerichte zuweilen, wenn verklagte Katzenfreunde mehrere Katzen halten. Es gibt eine ganze Reihe von Urteilen, in denen jeweils nur einer Katze gerichtlich der Freigang gestattet wird. Die anderen müssen so lange eingesperrt bleiben. (OLG Köln, Az.: 20 U 44/82. LG Nürnberg-Fürth, Az.: 11 S 7844/84. OLG Celle, Az.: 4 U 64/85.)

Da die Rechtslage unübersichtlich ist und die Entscheidungen der Gerichte höchst unterschiedlich ausfallen, kann Katzen im Nachbarschaftsstreit noch eine schöne Zukunft vorausgesagt werden. Es gibt ca. 4 Millionen Hauskatzen in der Bundesrepublik. Und der Präsident der Deutschen Ornithologischen Gesellschaft, Peter Berthold, sagte: „Der Aderlaß in der Vogelwelt durch Katzen hat regional inzwischen ein solches Ausmaß angenommen, daß es zweifellos erforderlich wird, in den nächsten Jahren ganz energisch auf gesetzliche Maßnahmen gegen die bisherige Katzenhaltung einzuwirken."

Kapitel 3

Die Natur, sie macht nur Dreck

Dein Feind – der Baum

Bäume, Büsche, Sträucher – sie sind die beliebtesten Streitobjekte im Nachbarschaftsclinch. Alles was grünt, blüht, Wurzeln und Blätter hat, Samen und Früchte – die Biomasse ist Wachstumsbranche im Nachbarschaftsstreit.

Bäume sind in Deutschland so umstellt von Paragraphen, Urteilen, Beschlüssen, Anweisungen, sie sind so oft verklagt worden, daß es wundernimmt, daß sie überhaupt noch wachsen.

Bäume nehmen dem Menschen bisweilen das Licht. Sie verbrauchen Luft. Dagegen besteht, laut Urteil vom Oberlandesgericht Düsseldorf, keine Abwehrchance. Es muß hingenommen werden, solange die Bäume die gebotenen Grenzabstände einhalten.

Baum ab – das Fällen von Bäumen im Gemeinschaftseigentum kann von den Wohnungseigentümern nur einstimmig beschlossen werden. (Landgericht Frankfurt, Az.: 2/9 T 362/89.)

Operation: „Pappel"

60 Jahre ist die Pappel alt, und die Nachbarin hat Angst, daß bei starkem Wind abbrechende Äste auf ihr Grundstück fallen. Sie will den Baum weg haben.

Das Gericht weist die Klage ab. Bei Sturm von gesunden Bäumen möglicherweise abbrechende Äste sind normales Risiko. Damit muß man leben.

Die Pappel hat Wurzeln, die ins Grundstück der Nachbarin dringen und hinter der Garage die Erde aufbrechen lassen. Das muß sie nicht hinnehmen. Die Wurzeln müssen weg. Nicht bekannt ist, ob der Baum die Operation überlebte. (OLG Köln, Az.: 13 U 113/88.)

Übrigens: Nachbarn dürfen die auf ihr Grundstück eingedrungenen Wurzeln selbst abschneiden. Die Wurzeln gehen dann in ihr Eigentum über.

Sie darf

Die hohe Koniferenhecke des Nachbarn störte eine Frau in Wiesbaden. Ihre Klage wurde abgewiesen. Grund: Die Frau habe die Hecke fünf Jahre unwidersprochen wachsen lassen. Die Einspruchsfrist sei abgelaufen. Zum Trost sprachen ihr die Richter zu, sich an einer überhängenden Trauerbuche schadlos zu halten. Sie dürfe „ein paar Zweiglein" abschneiden – aber nur die, die sie ohne Leiter erwischen könne. (Az.: 96 C 1505/89.)

Der Nachbar läßt es wachsen gegen mich

Frau Hühnlein freut sich, wenn es wächst. Aber es darf nicht zu groß werden. Wie leicht entwächst einem etwas. Die Natur ist wild und schmutzt.

Frau Hühnlein mag kleine überschaubare Bäume. Große Bäume mag sie nicht. Sie wittert in ihnen Feinde, und das mit Grund. Sie hat, ganz christlich, zuerst vor der eigenen Haustür gekehrt. Jetzt möchte sie beim Nachbarn ein bißchen fegen. Seitdem schläft sie nicht sehr gut, auch wegen der Briefe vom Anwalt.

Wir treffen Frau Hühnlein vor ihrem schmucken Häuschen am Ortsrand von Veitsbronn, eine rundliche, vitale Frau in den Vierzigern, die kein Blatt vor den Mund nimmt. Blätter sind nicht ihr Fall. Sie könnten von Bäumen stammen, von großen, womöglich riesengroßen Bäumen.

„Vor 20 Jahren, als wir hierherzogen, hatten wir auch solche Ungeheuer auf dem Grundstück. Drei Stück. Da haben wir gleich gesagt: Dagegen müssen wir was machen. Und haben beschlossen, Rasen zu machen. Weil", so schließt sie etwas sprunghaft, „heute hätten sie ja doch weggemußt."

Frau Hühnlein spricht mit der Entschlossenheit einer Pionierin, die Schneisen in den Dschungel schlägt, um das Land zu besitzen; und „Rasenmachen" klingt bei ihr wie eine Mischung aus Säuberung und Erdbestattung.

Und tatsächlich hat sich der Urwald auf ihrem Grundstück deutlich gelichtet. Ihr Rasen – wie gesaugt; die Tulpen – wie Schlachtreihen. Ein Garten wie aus der Spraydose. Von Ungeheuern keine Spur. Doch halt, da hinten im Eck, was ist denn das?

„Vor 15 Jahren", sagt Frau Hühnlein etwas schuldbewußt, „hab' ich leichtsinnigerweise diesen Baum pflanzen lassen. Den werde ich Weihnachten irgendeinem Gärtner zur Verfügung stellen, und dann pflanzt der uns einen kleinen rein. Der ist ja schon viel zu groß! Und ich kann mich daran freuen, wenn der kleine wieder wächst. Es ist aus Vernunftsgründen."

Vernünftig ist Frau Hühnleins Garten. Vernünftig wie ein Telefonbuch.

„Wir", sagt Frau Hühnlein mit Brustton, „pflegen diese Sachen. Wir lassen es schneiden und schneiden. Und jetzt schauen Sie sich mal das an!"

Und ihr ausgestreckter Zeigefinger schwenkt jählings herum auf Nachbars Grundstück, auf den Skandal, der sich dort schamlos präsentiert, Ursache und Quelle ihrer schlaflosen Nächte: neun Eichen hat der Mann. Riesenteile. Und rührt sich nicht. Und der Wind weht. Und das Laub fällt. Und alles, alles kommt herüber auf Frau Hühnleins kurzgeschorenes Abstandsgrün. Verwunderung tönt jetzt ihre Stimme:

„Den stört das überhaupt nicht. Der läßt es einfach wachsen. Seit Jahren lieg' ich dem in den Ohren: Nehmen Sie doch ein paar Bäume weg! Schneiden Sie doch die Äste, wie jeder normale Mensch! Das Laub macht mich krank! Ja, ja, sagt der dann, das laß' ich machen. Aber der denkt gar nicht dran. Ich" – und jetzt regt sich Frau Hühnlein gegen alle Vernunft doch wieder auf – „hab' die Arbeit! Er macht den Dreck. Ich hab' die Arbeit. Er rührt keinen Finger. Ich schuft' mich krumm.

Kommt ja alles rüber zu mir. Und wie das klebt! Alles schwarz, alles zugepappt, grauslich. Bei mir wächst ja nichts mehr!"

Daß bei Frau Hühnlein nichts wächst – außer diesem Rasen von der Rolle eben –, ist eigentlich eine korrekte Zustandsbeschreibung. Doch so will sie es nicht verstanden wissen. Wie auch immer, sie ist jetzt schwer in Fahrt. „Ich hab' auf den eingeredet. Ich hab' den angefleht. Nichts. Ich hab' dem geschrieben. Ich hab' meinen Anwalt beauftragt. Nichts. Neunmal hat mein Anwalt geschrieben. Ohne Antwort. Der rührt sich nicht. Ich seh den ja dauernd. Der grüßt noch freundlich, stellen Sie sich das vor. Tut so, als ob. Ich hab' mich rechtskundig gemacht. Hab' mit dem Bürgermeister drüber gesprochen. „Das ist 'ne Zivilsache", sagt der. Geht ihn nichts an. Die einzige Möglichkeit, das hat mir mein Anwalt gesagt, ist die, daß ich eine Firma bestelle mit einer riesengroßen Leiter und lasse diese Bäume bis zur Grenze abschneiden, die ganzen Äste. Das kann ich. Allerdings, ich muß das alles bezahlen und muß dann vor Gericht und mein Geld wieder erstreiten. Ich werde also praktisch zum Prozeß gezwungen. Wo bleibt denn da der Rechtsstaat? Wieso kann der mich nicht schützen, vor dem Schmutz da?"

Frau Hühnlein ist in einem echten Dilemma. Einerseits möchte sie ihrem Nachbarn an den Kragen – schließlich zwingt der Kerl sie, seinen Dreck wegzumachen; andererseits scheut sie den Prozeß, man weiß nie, was dabei herauskommt, es ist so unwägbar, so unkontrollierbar. Ganz anders als in ihrem Garten. Im Kampf gegen die Natur hat sie – auf ihrem ureigenen Feld – obsiegt. Ihr Keller wimmelt von Chemie und scharfen Gerätschaften, mit denen sich die Triebe gut im Griff halten lassen.

An die schmutzige Natur ihres Nachbarn kommt sie jedoch nicht heran, wegen dem Rechtsanwalt. Und weil der Nachbar so schlapp ist. Der stellt sich stur und macht auch noch auf ökologisch. „Das war auch so 'ne Sache. Am Anfang, als ich mich bei ihm beschwert hab', hat er immer auf Naturschutz gemacht. Hat immer gesagt, die wären geschützt. Stimmt aber gar nicht, ich hab' mich genau erkundigt. Nichts da mit Natur-schutz! Da vorne ist doch gleich der Wald, was soll man da hier die Bäume schützen? Andererseits: Vom Bürgermeister weiß ich, du darfst ja heute fast keinen Baum mehr fällen, ob-wohl du der Besitzer bist. Das gehört doch geändert. Ich den-ke, das Gesetz müßte so sein, daß man sagt: Okay, wer Bäume liebt, soll sie haben. Muß der Nachbar mit einverstanden sein. Aber das Gesetz sollte vielleicht dann vorschreiben, daß der, der die Bäume hält, a) die Sachen dann wieder rausmacht, die den Nachbarn stören, und b) daß der die Kosten trägt für die Beseitigung des Fluglaubs, das dem Nachbarn den Garten ver-unreinigt. Was glauben Sie, wieviel Leute dann noch solche Riesendinger haben wie der da drüben? Eichen", sagt Frau Hühnlein mit fester Stimme, „gehören in den Wald."

Eine Chance sieht sie noch, wenngleich ihr das nicht schmeckt. Es riecht zu sehr nach Wagenburg, wo sie doch ei-gentlich, wenn sie nur mutiger wäre, zur Attacke übers freie Feld blasen möchte:

„Wir haben erst mal einen zweiten Zaun gegen seinen ge-setzt. Aber das hat auch Nachteile, sehen Sie mal."

Frau Hühnlein beugt sich hinab, streckt die Hand durch den Maschendraht und versucht mühsam, ein paar Gräser auszurei-ßen, die in dem schmalen Raum zwischen den beiden Zäunen ganz unkontrolliert emporschießen. Das blanke Entsetzen treibt sie um. Sie sieht offensichtlich erst jetzt, was da passiert.

„Also das ist ja unheimlich. Das geht ja immer schneller. Da komme ich gar nicht mit. Das wird ja jetzt riesengroß und wächst bis da rauf. Mein Gott, das hab' ich gar nicht gesehen. Das wächst ja immer weiter. Und diese Kletterpflanzen!" Sie reißt und rupft, und Ameisen entdeckt sie auch noch, das ist zuviel. Sie beendet abrupt ihre kleine Flurbereinigung und sagt verzweifelt:

„Was soll ich bloß machen? Ich hab' dem erst im Herbst ge-sagt: Ich will mich doch mit Ihnen nicht streiten. Aber kom-men Sie mir doch einmal entgegen und lassen Sie einmal diese Bäume schneiden!"

Und wenn sich da keine Lösung ergibt?

„Was soll ich dann machen. Dann ziehe ich weg. Dann ziehe ich in die Stadt. Weil, mich macht das krank!"

Bockt sie nur oder wirft sie wirklich das Handtuch? Kann man tatsächlich ein Haus aufgeben nur wegen Nachbars Laub? Frau Hühnlein nickt düster mit dem Kopf. Doch dann – noch gibt sie den Kampf nicht ganz verloren –, sagt sie:

„Wissen Sie was? Vielleicht hat mein Mann doch recht. Das sagt der mir schon seit Jahren. Wir tun jetzt eine Hecke pflanzen, dann sehen wir das nicht mehr. Das ist ja nicht zum Anschauen. Oder haben Sie einen anderen Rat?"

Und wir verlassen Frau Hühnlein, mit fragendem Gesicht, genauso ratlos wie sie, denn was soll man jemandem raten, der es gern klein und überschaubar hat, und dessen einzige Rettung eine Hecke ist, groß wie ein Haus und hoch wie neun Eichen?

Der Grenzabstand von Bäumen ist eine Wissenschaft für sich

Schön ist folgendes Urteil:

Wer Bäume zu nahe an Nachbars Grenze pflanzt und diese werden groß und größer, muß sie, wenn es irgendwann den Nachbarn stört, auch dann auf die gesetzlich zulässige Höhe zurückschneiden, wenn dies ein Eingehen der Bäume zur Folge hätte. (Amtsgericht Backnang, Az.: 5 C 530/81.)

Hat der Nachbar auf dem Grundstück seines Feindes mit der Baumschere so heftig und unerlaubt gewütet, daß Neuanpflanzungen notwendig werden, so muß er die Kosten dafür tragen. (Oberlandesgericht Schleswig, Az.: 16 W 5/90.)

Die Beseitigung von Samenflug und Laubfall aus Nachbars Garten ist keine Geldquelle. Dies stellte das Oberlandesgericht Düsseldorf fest. Gegen drei Ahornbäume seines Nachbarn war ein Kläger vor Gericht gezogen, um Entschädigung für die Beseitigung des Flugsamens, der auf sein Grundstück herüberwehte, zu erstreiten. Das Gericht errechnete für die Säuberungsaktion einen jährlichen Arbeitsaufwand von 16 Stunden, wies die Klage ab und urteilte: „Natürliche Einwirkungen und Laubfall muß ein Grundstückseigentümer grundsätzlich entschädigungslos hinnehmen, wenn er zur Beseitigung ihrer Folgen nicht mehr an Arbeitsstunden aufwenden muß als vorliegend der Kläger." (Az.: 9 U 47/88.)

Furchtbar fruchtbar

A. hat einen wundervollen alten Birnbaum mit weit ausladender Krone. Ein dicker Ast ragt über die Grenze in den Luftraum von B. Der Baum ist äußerst fruchtbar. Im Herbst hängt er voller Mostbirnen. Niemand pflückt sie. Sie fallen herab. Niemand bückt sich. Der Garten von A. ist voller Birnen. Sie sind sein Eigentum. Auch die Terrasse von B. ist jetzt voller Birnen. Sie gehören ihm, er ist der Besitzer von Nachbars Fallobst. Er will es nicht. Er fühlt sich behindert. Die Birnen matschen bei jedem Tritt. Er fühlt sich bedroht. Die Wespen kommen. Was tun? Der Nachbar feixt und zuckt die Achseln. Zurückschneiden will er den Baum nicht. Die Bodenbirnen faulen und belästigen. B. beauftragt eine Firma. Die sammelt das Zeug ein. Für Geld. Das will jetzt B. von A. zurückerstattet haben. A. lacht nur. Aber nicht mehr lange.

Das Gericht nimmt sich Zeit. Es begutachtet den Fall von allen Seiten. Und verdonnert A. zur Zahlung der Fruchtleseaktion. Denn:

„Zwar weist A. zu Recht darauf hin, daß B. gem. § 911 BGB Eigentümer der überfallenden Mostbirnen wird. Doch es lag außerhalb der Vorstellungswelt des Gesetzgebers, daß der Eigentümer des Nachbargrundstückes die überfallenden Früchte nicht als Geschenk, sondern als Belästigung empfinden könnte. So liegen die Dinge aber hier. B. hat, wie er glaubhaft darlegt, keine sinnvolle Verwendung für die überfallenden Mostbirnen. Beide Parteien betrachten die große Fruchtbarkeit des Mostbirnenbaums offensichtlich keineswegs als Segen, sondern als lästige Begleiterscheinung. Unter diesen Umständen kann aber nicht davon ausgegangen werden, daß B. dadurch, daß die Mostbirnen in sein Eigentum übergehen, für die erhebliche Beeinträchtigung entschädigt wird, die von den Früchten ausgeht." (Amtsgericht Backnang, Az.: 3 C 35/89.)

Die gesetzlichen Grundlagen zur Anpflanzung von Bäumen und Sträuchern sind bürokratisches Dickicht in Reinkultur. Da durchzudringen erfordert Nerven und Masochismus. Jedes Bundesland hat eigene – höchst unterschiedliche – gesetzliche Regelungen getroffen. Manche sind so kompliziert, daß im Prinzip nur mit dem Taschenrechner gepflanzt werden kann. Beispiel: § 13 („Hecken") vom Nachbarrecht Baden-Württemberg:

Bei Hecken bis zu 1,50 Meter Höhe ist ein Abstand von 0,50 Meter, bei höheren Hecken ein um das Maß der Mehrhöhe größerer Abstand einzuhalten.

Angenommen, die Hecke soll nicht 1,50 Meter (wie erlaubt), sondern 2,50 Meter hoch werden. Dann muß der Abstand zum Nachbarn 1,50 Meter betragen (0,50 Meter plus 1 Meter Mehrhöhe).

Die für Bäume und Sträucher geltenden Nachbarschaftsansprüche auf zentimetergenaue Einhaltung von Grenzabständen, auf Beseitigung, Zurückschneiden, auf Verjährung dieser Ansprüche, auf Ausschlußfristen, auf Sonderregelungen usw. sind eine wahre Fundgrube für prozeßwillige Zeitgenossen und werden auch entsprechend häufig genutzt.

Gemeinden und Kreisverwaltungsbehörden haben das Recht, Baumschutzverordnungen zu erlassen. Sie werden relativ selten angewendet, offensichtlich aus Angst vor den Grundstücksbesitzern, die mehrheitlich immer noch der Meinung sind, mit „ihren" Bäumen machen zu können, was sie wollen.

Ein teurer Irrtum mitunter. Das Oberlandesgericht Hamm verurteilte aufgrund einer Nachbarschaftsanzeige einen Grundbesitzer, der trotz bestehender Baumschutzverordnung in seinem Garten zwei Platanen, eine Linde und eine Kastanie umgeschlagen hatte – alles haushohe ausgewachsene Bäume –, zu einer Geldbuße von 12 000 Mark. Andererseits: allein der Holzwert lag um ein Mehrfaches höher.

Mehrung des Besitzstandes. Der Eigentümer eines Grundstückes kann Wurzeln eines Baumes oder eines Strauches, die von einem Nachbargrundstück eingedrungen sind, abschneiden und behalten. Das gleiche gilt von herüberragenden Zweigen. (§ 910 BGB.)

Früchte, die von einem Baum aufs Grundstück des Nachbarn fallen, gehören diesem. Im BGB trägt der entsprechende Paragraph 911 den Titel: ÜBERFALL.

Lücke Laub

Es fällt nicht nur Obst, sondern auch Laub. In letzterem Fall hat unsere ansonsten doch so akribische Gesetzgebung völlig versagt. Hier herrscht, was prozeßbegabten Menschen Freude macht: Rechtsunsicherheit.

Hunderte von erbittert geführten Auseinandersetzungen zwischen Nachbarn beweisen: Laub ist ein vorzüglicher Streitanlaß.

Die Gerichte gehen hier auf Krücken. Für sie fällt Laub unter den § 906 BGB: Zuführung unwägbarer Stoffe, ein Paragraph, in dem eigentlich „die Zuführung von Gasen, Dämpfen, Gerüchen, Rauch, Ruß, Wärme, Geräusch, Erschütterungen und ähnliche von einem anderen Grundstück ausgehende Einwirkungen" geregelt ist. Von Laub ist da nicht die Rede.

Und schon herrscht Anarchie.

In früheren Prozessen obsiegte häufig der saubere Nachbar, der gegen laubabwerfende und nadelnde Bäume auf Entschädigung klagte. Auf bis zu 1200 Mark Schadensersatz pro Jahr und Baum erkannten die Gerichte, zum Teil mit Begründungen wie der folgenden:

„Durch den Nadelanfall sind die Kläger in der ortsüblichen Benutzung über das zumutbare Maß hinaus beeinträchtigt. Ortsüblich sind in der Wohngegend der Parteien gepflegte Ziergärten."

Der Streit ging um eine einzige Kiefer. (LG Lübeck, Az.: 14 S 122/85.)

Daß Bäume nicht nur Schmutzfinken sind, hat sich mittlerweile auch bis zu manchen Richtern herumgesprochen. In neueren Urteilen wird häufig auf die ökologische und soziale

Qualität von Bäumen verwiesen und Schadensersatzanspruch vermehrt abgeschmettert. In die vollen ging jener Richter, der beherzt und möglicherweise etwas ungenau sein Urteil mit dem Satz besiegelte: „Als Teil des menschlichen (!) Lebens muß Laubfall hingenommen werden." (OLG Frankfurt, NJW 1988, S. 2618.)

Um aus Laub Gold zu machen, bedurfte es in Vorzeiten der Fähigkeiten eines Rübezahls, der notleidende Tagelöhner mit diesem Kunststück zu beglücken pflegte. Heute reicht dafür die anwaltliche Gebührenordnung.

Das Bürgerliche Gesetzbuch (BGB) ist zumeist glasklar. Seine Auslegungen und Interpretationen durch juristische Deuter – eine ausgedehnte Literatur ist da entstanden – sind oft widersprüchlich. Im Nachbarschaftsstreit kann das von Belang sein.

Ein Beispiel: In Bayern besagt Art. 47 des Gesetzes zur Ausführung des BGB („Grenzabstand von Pflanzen"): alles, was über 2 Meter hoch ist, muß mindestens 2 Meter von Nachbars Grenze entfernt sein. Was ist mit Bäumen, die näher dran sind?

Das juristische Autorentrio Meisner/Ring/Götz meint in seinem Gesetzeskommentar dazu:

„Überschreiten die Pflanzen die zulässige Höhe, so kann der Nachbar nicht die Beseitigung der Pflanzen verlangen, sondern nur deren Zurechtschneiden, damit die zulässige Höhe wieder unterschritten wird."

Bayer in Bayer/Lindner („Bayerisches Nachbarrecht. Ein Handbuch für Bundes- und Landesrecht") meint dagegen:

„Sind Nachbarn so verfeindet, daß sie wegen des Wuchses von Pflanzen im Grenzbereich gerichtlich Hilfe in Anspruch nehmen müssen, so sollte die gerichtliche Entscheidung dazu führen, diesen Streit nachhaltig zu beenden. Das geschieht nicht, wenn der Urteilsspruch dahin geht, die Pflanze auf 2 Meter zurückzuschneiden. Wegen des ständigen, bei manchen Pflanzen sehr schnellen Nachwuchses ist der Keim für neuen Streit mit ständig gegenseitiger Überwachung angelegt. Durch einen auf Beseitigung bzw. Zurückversetzung der Pflanze lautenden Urteilsspruch wird dagegen der Streit jedenfalls auf eine entschieden längere Zeit beendet."

Kapitel 4

Nachrichten vom Häuserkampf

Alles Fassade

Wohnungseigentümer dürfen keine Spruchbänder mit politischen Parolen aus dem Fenster (ihrer eigenen Wohnung wohlgemerkt) hängen, wenn es den anderen Eigentümern der Wohnanlage nicht paßt. Grund: die Fassade gehört zum Gemeinschaftseigentum. In einem Rechtsstreit entschied das Berliner Kammergericht: „Wenn die der Gemeinschaft sämtlicher Eigentümer zustehende Außenfassade zum Werbeträger für politische Parolen und Aktionen einzelner Wohnungseigentümer gemacht wird, können die anderen Wohnungseigentümer, die eine derartige Verlautbarung an dieser Stelle nicht für angebracht halten, in ihrem verfassungsrechtlich verbürgten Eigentumsrecht betroffen sein. Darüber hinaus sind aus politischen Verlautbarungen einzelner Wohnungseigentümer Beeinträchtigungen für die wirschaftliche Nutzung des Sondereigentums (d. h. der Wohnung) denkbar, etwa durch die Abhaltung eines bestimmten Kreises von Mietinteressenten." (Az.: 24 W 4716/87.)

Er will, daß ich das Haus verschiebe

Unten verkaufen die Meyers Flüssiges. Oben wohnen sie. Unten stapeln sich Bier, Sprudel, Schnäpse. Oben ist es gemütlich. So haben sie sich das gedacht. Schön, wenn der Arbeitsplatz so nahe ist.

Doch wenn es so weitergeht, droht Herr Meyer sein bester Kunde zu werden. Die Sache würde selbst Menschen mit stärkeren Nerven zur Flasche treiben. „Nerven", sagt Frau Meyer, „haben wir keine mehr."

Im Ortskern von Hammerbach direkt an der Dorfstraße haben sich die Meyers ein altes Fachwerkhaus gekauft, haben es – mit behördlicher Genehmigung – abgerissen und an seine Stelle ein neues gebaut. Trotz mancher Nörgelei von irgendwelchen Traditionalisten oder ökologisch getarnten Fortschrittsfeinden: so etwas passiert dauernd in Orten wie Hammerbach. Es wird rastlos gebaut, wie nach einem Krieg. Angebaut, umgebaut, abgerissen, neu gebaut. Auf dem Land grassiert der Mensch als Heimwerker. Die typisch dörfliche Atmosphäre am Samstagnachmittag: das Rumpeln der Betonmischer, das Hämmern der Schlagbohrer, das Kreischen der Stichsägen. Das Alte muß weg, das Neue ist viel praktischer. „Das alte Gelersch", sagt Herr Meyer, „das war nix."

Das Haus der Meyers ist bis zum Rohbau gediehen, das Dach ist drüber, da steht es nun, ein zweistöckiges Ding mit Glasbausteinen und großer Terrasse. Vielleicht ein bißchen zu wuchtig das Ganze, aber verschandeln tut es den Ortskern nun wirklich nicht mehr. Direkt daneben steht ein Flachdachbungalow wie aus dem Baustofflager. Da wohnt der Nachbar Schnappert. Und die paar Fachwerkhäuser, die es noch gibt, gehören armen Leuten. Wenn die zu Geld kommen, reißen die das auch weg. „Nur die Städter", sagt Herr Meyer, „wollen einem da immer reinquatschen, von wegen Erhalten und Pflegen und so 'nem Zeug. Aber wohnen Sie mal in so einer Muffbude."

Seit über einem Jahr allerdings läuft bei Meyers nichts mehr. Da ruht die Arbeit. Reingequatscht in dem Fall hat ihnen kein Städter, sondern der Nachbar. Und zwar massiv, mit Prozessen ohne Ende. Nachbar Schnappert hat einen Baustopp durchgesetzt, und der hängt jetzt als schwere düstere Wolke über Meyers Baumaßnahme. Keinen Stein darf Herr Meyer mehr bewegen, keinen Nagel einschlagen seit einem Jahr.

Es geht um Meter und Zentimeter. Der Kern des Konflikts: Herr Meyer hat den Neubau im Prinzip auf den Grundriß des vormaligen Fachwerkbaus gesetzt, aber eben nicht ganz. Das neue Haus ist ein bißchen kürzer als das alte, aber dafür ein bißchen breiter und höher, nicht viel, hier mal 60 Zentimeter, da mal 2 Meter. Die Beamten der Baubehörde sahen bei der Genehmigung keine Probleme. Sie hatte nicht mit dem scharfen Auge des Nachbarn gerechnet. Der sah den Bau wachsen und griff dann zur Meßlatte.

„Erst hat er höher gebaut, dann hat er zu unserer Seite hin Fenster eingebaut, die gar nicht in seiner Bauzeichnung vorhanden waren", sagt Herr Schnappert bedächtig, „ich habe das genauestens untersucht. Aber leider: er hat sich nicht daran gehalten. Vor allem hat er den Abstand zu meinem Haus nicht eingehalten. Er wußte genau, daß er mir drei Meter von der Pelle bleiben muß. Es sind aber nur 2,50 Meter. Ich", sagt Herr Schnappert, „fühle mich massiv geschädigt. Mir bleibt da praktisch nur der Rechtsweg."

Herr Schnappert wirkt unaufgeregt und gut ausgeruht. Er hat den Nachbarn kalt erwischt. Der zappelt jetzt.

„Die ganze Zeit hat er uns Anzeigen ins Haus geschickt", sagt Frau Meyer, „wir hätten die Sicherheitsvorkehrungen nicht beachtet, gegen Bauvorschriften verstoßen, den Abstand nicht eingehalten, der hat uns überwacht wie ein Luchs, dauernd kam die Polizei oder das Bauamt, und jedesmal wurde festgestellt, daß seine Anschuldigungen nicht der Wahrheit entsprachen. Bis dann der Baustopp kam."

„Er will", sagt Herr Meyer, „daß ich das Haus quasi verschiebe um einen Meter. Aber wie wollen Sie denn ein Haus verschieben? Das ist ja schon von der Statik her nicht machbar."

Stille. Wehe, es lacht jetzt einer.

Frau Meyer wühlt im Aktenordner. Sie zählt, gibt dann aber auf: „So 150 Anzeigen hat der uns geschickt in den letzten zwei Jahren. Weil die Handwerker falsch geparkt haben, oder weil Baumaterial mal ein bißchen auf seiner Grenze gelegen hat. Der hat uns total eingedeckt."

Wohnen können die Meyers in ihrer Bauruine nicht. Unten läuft provisorisch der Getränkevertrieb, oben gähnen die Fensterlöcher, und die Strippen schauen aus der Wand. Untergekommen sind sie bei der Schwiegermutter in Hanau. Das macht 90 Kilometer täglich hin und her. Die Kinder sind dort zwischenzeitlich umgeschult, das Familienleben geht langsam den Bach herunter. Die Nerven. Denn der Nachbar hat ein Ziel ins Auge gefaßt.

„Ich sehe da leider keine andere Möglichkeit", sagt Herr Schnappert in aller Gemütsruhe, „als den Abriß."

Den Abriß des ganzen Hauses? Im Ernst?

„Wenn Sie mir eine andere Möglichkeit anbieten könnten", sagt er zuvorkommend. Herr Schnappert will nicht als Unmensch dastehen. Für hilfreiche Lösungen wäre er dankbar. Aber letztlich ist das nicht sein Problem. Es ist der Nachbar, der mißachtet hat, verstoßen, überschritten, nicht eingehalten. Ein kluger Nachbar hätte Herrn Schnappert gefragt, und zwar vorher. Herr Schnappert ist ganz eindeutig jemand, der gefragt werden will, höflich und in aller Form. Fragen kostet schließlich nichts. Jetzt wird es teuer.

„Sie können nicht einfach", doziert er, „so daherkommen und dem Nachbarn so einen Protzkasten vor die Nase pflanzen. Schließlich sind wir alteingesessen, und der kommt von draußen. Wenn ich mir was baue, muß ich doch wohl die Nachbarn rundherum vorher fragen. Und wenn ich das nicht mache, dann passiert eben das. Also damit muß ich schon rechnen."

Herr Schnappert ist für gute Nachbarschaft. Man kann über alles reden. Aber jetzt nicht mehr.

Auch Herr Meyer ist für gute Nachbarschaft. „Und geredet", sagt er, „haben wir andauernd mit dem. Erst geredet, dann geschrien. Reden Sie mal gegen eine Wand."

Und er steht in dem, was einmal sein Wohnzimmer werden sollte, zerrt ratlos an ein paar losen Kabelenden und verstummt. Und von überall her im Dorf hört man emsiges Hämmern, Bohren, Sägen und Werkeln, daß es nur so eine Freude ist.

Wintergarten

Ein Eigentümer hat im Erdgeschoß eine Wohnung mit Terrasse. Er verglast sie, bauaufsichtlich genehmigt, zum Wintergarten. Das darf er nicht. Sechs Monate später klagen die Nachbarn im Stockwerk über ihm gegen das Bauwerk. Es muß abgerissen werden. Der Amtsrichter entscheidet beim Ortstermin: „Die Terrassenverbauung nimmt sich in der baulichen Gestaltung wie ein Fremdkörper aus." (BayObLG, B. Reg. Az.: 2 Z 13/91.)

Kletterpartie

Frankfurt. Buchstäblich aufs Dach stieg eine 81jährige Hauseigentümerin ihrem Nachbarn, einem 55jährigen Invaliden. Die alte Dame hatte sich über den Mieter geärgert, der sich geweigert hatte, eine Erhöhung der Umlagen von monatlich 10 Mark zu bezahlen.

Obwohl ihr das Gericht in einer erstrichterlichen Entscheidung Recht zusprach und der Mieter zahlen mußte, ließ sie von nun an nicht mehr locker. Sie begann, fortan dem Mann das Leben schwerzumachen. Spielte er z. B. abends eine Partie Schach, schaltete sie ihm das Licht aus.

Gipfelpunkt aber waren die Kletterpartien, von deren Wahrheitsgehalt sich der ungläubige Richter erst per Ortstermin überzeugen ließ. Die alte Dame pflegte, mit einem Besen bewaffnet, bei morgendlicher Dämmerung behende aus dem Schlafzimmerfenster zu steigen, akrobatisch das Dach des vermieteten Anbaus zu erklimmen und ihrem Mieter mit wuchtigen Besenschlägen den Schlaf zu rauben.

Angesichts ihres fortgeschrittenen Alters und nachdem die Greisin versprochen hatte, ihrem Mieter künftig nicht mehr aufs Dach zu steigen, sah der Richter von einer Geldbuße (die zuvor die Verwaltungsbehörde festgesetzt hatte) ab. Er stellte das Verfahren ein, nicht ohne zuvor der Beweglichkeit der jugendlichen Uroma seinen Respekt bezeugt zu haben.

Hackordnung

Böses Blut zwischen Ausländern und Deutschen gibt es im Frankfurter Gallusviertel besonders häufig wegen der Hausordnung. Menschen aus 16 Nationen wohnen im Stadtteil, der als sozialer Brennpunkt gilt, zusammen. Nicht geputzte, versprayte und nach Fäkalien stinkende Treppenhäuser, zerdellte Briefkästen, verwüstete Keller und zersplitterte Haustüren, das – so eine Sozialarbeiterin – „lasten ‚Germanen', die der sozialen Randschicht angehören, gern einzelnen ‚Kanaken' an und umgekehrt. Gemeinsam ist beiden, daß sie jemanden suchen, der noch unter ihnen steht."

Allerdings: „Wir haben noch niemals gegen Ausländer ein Räumungsverfahren betreiben müssen", sagt Wohnungsamtsleiter Klaus Miehrig, „wohl aber schon gegen einige Deutsche." Der städtische Beamte bekommt monatlich Dutzende von „Anklagen" gegen ausländische Sozialmieter auf seinen Schreibtisch. „Viele Dinge ziehen die Leute einfach aus dem Hut", sagt er, „und wenn man sie dann ganz konkret darauf anspricht, dann wissen sie nicht mehr, was sie zu mäkeln haben. Die Beschuldigungen sind oft unzutreffend."

Kapitel 5

Tierisch laut, Mozart als Waffe

Auf die Ohren

42 Prozent der Bundesbürger fühlen sich in ihrem Bedürfnis nach Ruhe und Erholung durch musikalische Dauerberieselung vom Nachbarn gestört. Zu diesem Ergebnis kommt eine Untersuchung des BAT-Freizeitinstituts in Hamburg. Insgesamt zwei Drittel der Deutschen beklagen sich über unzumutbare Geräuschproduktion ihrer Mitmenschen. Die Hitliste der Störquellen geht von voll aufgedrehten Stereoanlagen und dröhnenden Fernsehern über Heimwerkermaschinen, Klavierüben und Hundegebell bis zur samstäglichen Gartenparty, dem knatternden Rasenmäher oder dem unweit des Schlafzimmers gelegenen Bolzplatz. Auch Straßenfeste, Kirmesbetriebe und Sportveranstaltungen kommen schlecht weg: 55 Prozent aller Befragten fühlen sich dadurch gestört.

Radiogeräusche von der Nachbarterrasse in einer Reihenhaussiedlung sind bereits dann unzulässige Immissionen, wenn sie ihrer Art nach deutlich wahrnehmbar sind. Auf bestimmte schalltechnische Meßwerte kommt es nicht an (!). Im Fall der Zuwiderhandlung droht das Gericht ein Ordnungsgeld von bis zu 500 000 Mark an, ersatzweise bis zu 6 Monate Ordnungshaft. (OLG München, Az.: 25 U 1838/91.)

Ein Hausherr hatte in die holzverschalte Decke seiner Terrasse zwei Lautsprecher eingebaut, die mit der Stereoanlage im Wohnzimmer verbunden waren. Ein Nachbar klagte dagegen, daß er wegen der Terrassenlautsprecher zwangsläufig die Musikübertragungen mithören müsse. Das Gericht gab ihm recht.

Hunde dürfen per Gerichtsbeschluß maximal 30 Minuten pro Tag bellen, nicht länger als 10 Minuten ununterbrochen und nur innerhalb der Zeit von 8 bis 13 Uhr und von 15 bis 19 Uhr. Hunde, die ohne erkennbaren Anlaß und öfters (bis zu 60mal am Tag) bellen, dürfen von 19 bis 8 Uhr morgens und zwischen 12 und 15 Uhr nicht im Garten herumlaufen. (OLG Hamm, Az.: 22 U 265/87, 22 U 249/89. Verwaltungsgericht Stade, Az.: A 188/88.)

Es reicht, wenn sich nur ein Nachbar über das Tier beschwert. Eine „entlastende" Unterschriftenliste von anderen Nachbarn, die sich durch das Bellen nicht gestört fühlen, nützt nichts.

Kleinkinder sind keine Tiere. „Es mag zwar sein, daß die durch ein Kleinkind verursachten Geräusche den Beklagten stören. Daß nicht schulpflichtige Kinder sich in ihrem natürlichen Bewegungsdrang nicht immer ruhig verhalten und auch schon mal durch die Wohnung toben, ist sozialadäquat. Derartiges muß auch in einem Mehrfamilienhaus hingenommen werden. Kinder können nicht wie junge Hunde an die Kette gelegt werden. Wer Kinderlärm als lästig empfindet, hat selbst eine falsche Einstellung zu Kindern. Ein Mehrfamilienhaus ist kein Kloster." (AG Neuss, Az.: 36 C 232/88.)

Mein Hahn hat morgen Gerichtstermin

Roland L. im Dorf Mühleip im Bergischen Land hat einen Hahn, der – trotz Aufforderung – den Schnabel nicht halten wollte. Das hatte Folgen, merkwürdige und böse.

Herr L., ein junger Mann Mitte zwanzig, stammt aus einer Bauernfamilie. Er ist Schichtarbeiter geworden in einem Aluminiumbetrieb, aber: „Ein Leben ohne Tiere kann ich mir gar nicht vorstellen." In dem kleinen Fachwerkhaus an der Dorfstraße, das Herr L. mit seiner Freundin bewohnt, gibt es einen Hund, ein paar Katzen und im Vorgarten zwei Dutzend Hühner. Appenzeller Spitzhauben, eine seltene Rasse, schwer zu züchten. Der ganze Stolz von Herrn L.

Und dann ist da dieser Hahn, ein gesundes, bewegliches Tier. Kräftige Brust, gute Lungen, ein Prachtexemplar. „Pumuckl heißt er", sagt Herr L. „Wie ich. Ist mein Spitzname. Wo ich geh' im Dorf, auch auf der Arbeit: Pumuckl." Herr L. liebt diesen Hahn, und er liebt die kurze Rede. Wir treffen ihn nachmittags am Gartentor, und wie er da so steht, den Hahn unter den Arm geklemmt, mit verdächtig funkelnden Augen und rotem Haarschopf, den er beim Reden zurückwirft, hat er selbst etwas ungemein Hahnenartiges an sich.

„Verklagt sind wir worden", sagt er, „vorm Landgericht Bonn. Ein Nachbar hat sich beschwert gehabt."

Warum?

„Angeblich fing er zu krähen an, morgens um drei Uhr."

Einen Hahn verklagen, wie hat man sich das vorzustellen, geht das denn überhaupt?

„Klar", sagt er, „also, erst mal ist er nach mir rübergekommen. Hat mal höflich nachgefragt, ob ich das unterlassen könnte mit dem Tier. Das sollt' ich vernünftig einsperren."

Und?

„Da hab' ich gesagt: Nö. Wir wohnen hier auf'm Lande. 50 Meter weiter war noch'n Landwirt, ein Viehhändler."

Ja?

„Der hat Kühe und Schafe. Die sind doch lauter als meine Hühner."

Aber?

„Hat nichts genützt. Lief gleich übern Anwalt. Klage. Ladung vom Landgericht."

Und da ist er dann hin. Allein?

„Nee, ich hab' meinen Hahn mitgenommen, und meine Hündin. Die ist auch verklagt worden. Wegen Bellen. Mein Anwalt war auch da."

Moment, damit wir das richtig verstehen. Er ist mit dem Hahn vor Gericht gezogen?

„Genau. Und die Richter haben sich den angeguckt."

Und?

„Nichts. Er war ruhig. Er hat nicht gekräht. Der Hund war auch ruhig. Na, schließlich: vertagt die Sache."

Und dann?

„Ortstermin. Die sind dann angerückt. Haben im Hühnerstall kontrolliert, ob die Isolierung stimmt, und haben gemessen."

Mit Meßgeräten? Richter, die im Hühnerstall mit Meßgeräten herumlaufen?

„Jede Menge Technik. Sechs, sieben Leute. Die wollten das ganz genau wissen, wegen dem Schall von meinem Hahn. Wir saßen zwei Stunden bei dem Kläger drinnen, in der Wohnung. Da waren wir erst mal mucksmäuschenstill, weil die Richter mit ihren Geräten da waren. War aber nichts. Man konnte nichts hören. So. Dann sind die wieder rüber nach mir. Überall gehorcht. Nichts. Da haben die ganz schön geguckt."

Und weiter?

„Naja. Keine Einigung. Ich wollt' mich auf nichts einlassen, er auch nicht. Nun haben erst mal die Anwälte unter sich gesprochen. Und dann haben wir nachher gesagt: macht 'nen Vergleich."

Heißt?

„Er darf weiterkrähen."

Bitte?

„Also: im Schichtdienst. Je nachdem, ob ich Früh- oder Spätschicht habe. Also bei Frühschicht ab 5.30 bis 22 Uhr, und bei Spätschicht ab 7 bis sogar 23.30 Uhr darf der Hahn dann ordentlich seine Stimme erheben. Im Prinzip hat sich da überhaupt nichts geändert. Im Gegenteil: er darf ja länger krähen, sogar bis in die Nacht hinein. Ich hab' das auch nicht verstanden. Aber so ist das beschlossen worden."

Und jetzt unsere Frage: wie, bitte...schön, erklärt er seinem Hahn die amtlich festgelegten Krähzeiten per Schichtdienst?

Da lacht Herr L. fröhlich, und der Hahn, der die ganze Zeit über friedlich unterm Arm gehockt hat, rollt entsetzt die Augen. „Kann man gar nicht", sagt Herr L. nachsichtig, „das ist doch Natur."

Leider ist die Geschichte damit nicht zu Ende. Und es wäre doch eine schöne Geschichte, nach dem Motto: wer gegen einen Hahn klagt, kann nicht gewinnen. Man muß sich dieses Bild des höheren Blödsinns nur richtig vorstellen: ein halbes Dutzend ehrenwerter und gut dotierter Richter und Techniker mit teurem Gerät in einem Hühnerstall herumkrauchend, vielleicht haben sie Sinn für Humor gehabt, wer weiß, das Urteil atmet eine gewisse Komik, und Pumuckl, das Untier, zweifellos ein Schreihals von besonderen Gnaden, er hielt schlau und verhaltensgerecht zur Meßzeit den Schnabel, denn wer bekommt schon morgens um 5.30 Uhr einen Richter zum Ortstermin, zu einer Zeit, wo ein guter Hahn erschöpft zu Krähen aufhört im Sommer – und der Nachbar seit Stunden senkrecht im Bett sitzt und die Gedanken pingpong rasen zwischen Grill und Schrotflinte.

Was ist denn das für ein Nachbar gewesen, der da geklagt hat?

Ein Vorhang fällt über Herrn L.s Augen und er schaut plötzlich wie nach innen gewendet.

„Ein ehemaliger Kölner", sagt er, „ein Stadtmensch. Die machen uns so ziemlich alles kaputt hier."

„Nach der Geschichte haben sie meinem anderen Hahn – das war mein erster, vierzehn Jahre alt, so lang ist der bei mir gewesen –, dem haben sie die Kehle durchgeschnitten und mir dann am Zaun gehängt."

Wir müssen ziemlich dämlich ausgesehen haben in diesem Augenblick.

„Ja", fährt Herr L. fort und seine Augen verengen sich noch mehr, „und dann haben sie einer Glucke von mir, die war beim Brüten, die Küken kurz vorm Schlüpfen, auch den Kopf abgeschnitten. Und angebrütete Eier gegen die Wand geklatscht. Und zahlreiche Tiere geklaut. Wenn ich von der Spätschicht kam, hatte ich jedesmal Angst, daß sie mir wieder irgend was kaputtgemacht haben."

Das klingt wie Krieg.

„War auch Krieg. Richtiger Kleinkrieg. Ich hatte ja die Auflage, den Stall zu isolieren. Aber das hab' ich dann nicht mehr gemacht, als die mit dem Schlitzen anfingen. Ich hab' die nie gesehen. Aber ist ja klar, wer das war. Für mich sind die echt verrückt, die Leute. Früher hat fast jeder einen Hahn gehabt, oder Hühner. Und nachher, als die mir die ganze Brut kaputtgemacht hatten, hab' ich gesagt: ich verkauf' das Haus."

Das hat nicht hier stattgefunden?

„Im Nachbarort", sagt Herr L. kurz angebunden. „Da hab' ich gewohnt mit meinem Bruder."

Und wegen dem Hahnenkrieg hat er alles verlassen?

„Genau", sagt er, „unter solchen Menschen will ich nicht leben."

Vorsichtig läßt er seinen Hahn zu Boden. Da bleibt er ganz ruhig sitzen.

„Hier hat's noch keine Beschwerden gegeben." Ein bißchen trotzig schaut er dabei aus. „Noch nicht. Wenn ich was Besseres finden würde, ein anderes Haus: ich würd' sofort weg hier."

Kein Wunder. Das Haus liegt direkt an der Durchgangsstraße, die von Schwerlastverkehr förmlich überflutet ist. Immer wenn ein Lkw vorbeidonnert, hält man automatisch mit Sprechen inne und wartet, bis der Lärm verebbt.

„Noch was", sagt Herr L., und es kommt wieder dieses leichte Glitzern in die Augen, „mein Kontrahent, ja? Dieser Kölner. Der ist im selben Betrieb wie ich. Ist da leitender Angestellter. Immer wenn der jetzt reinkommt, sind die Kollegen am Krähen. Egal ob in der Kantine oder im Büro: wenn die den sehen, geht's gleich los: Kikeriki von allen Seiten. Das bleibt dem für immer. Und manche von den Jungs klappen dabei mit den Armen, so angewinkelt, wissen Sie?" Und Herr L. steht da und schwenkt die Ellenbogen auf und nieder wie ein großer Menschenhahn, und Pumuckl zu seinen Füßen schaut etwas verächtlich nach oben und stolziert dann langsam in Richtung Hühnerhof, jeder Zoll ein König der Hähne. Nie haben wir ihn schreien hören.

Hähne und Zahlen

Mit einem Schalldruck von 64 dB schrie Zwerghahn Willi V. in das behördlich bestellte Gutachtermikrophon. Noch aus seinem gedämmten Stall war er in der 14 Meter entfernten Nachbarswohnung mit 25 dB zu vernehmen. Nach vierjährigem Rechtsstreit entschied das OLG Celle in letzter Instanz. Willi ist von 22 bis 6 Uhr gedämpft zu halten. Er hat sein Geschrei ansonsten auf einen Durchschnittswert von höchstens 50 dB einzupegeln. Allerdings räumte der Gutachter ein, daß bereits bei einer Zahl von 50 Schreien pro Tag dieser Schalldruckwert deutlich überschritten werde.

Bei einem ähnlichen Fall vor dem Münchner Landgericht schlugen die Meßnadeln bei Hahn Blasi weit über 70 dB, seine schrillsten Töne erreichten eine Frequenz von 1600 Hz. Unter diesen Umständen, so der Sachverständige, sei eine normale Unterhaltung nicht möglich, auch keine Schreibtischarbeit bei geöffnetem Fenster. Das Gericht erkannte in Blasi eine wesentliche Eigentumsstörung für den Nachbarn und gab diesem Recht im Verlangen nach Beseitigung der Störung.

„Blasi" als Lärmquelle zu entlarven, war nicht einfach. Beim ersten Meßtermin schien der Hahn merkwürdig gedämpft. Er schrillte nur mit halber Lunge. Der Gutachter äußerte den Verdacht auf Doping durch Sedativa und versuchte es im zweiten Anlauf mit einem nicht angekündigten Überraschungstermin. Blasis Halter hatten vorgesorgt und stillgelegt, was Blasi zum Krähen reizen könnte. Sie hatten, so der Gutachter, Türglocke und Telefon abgestellt, um die Kettenreaktion einer Klangentfaltung zu unterbrechen, die üblicherweise so verlief: zuerst schellten Glocke oder Telefon, dann bellte der Hund, und dann stimmte auch Blasi schwungvoll mit ins Konzert ein. Der Gutachter verbrachte einen vollen Tag im ansonsten stillen Haus, wobei Blasi dann doch nicht den Schnabel ganz halten konnte. Er schrie zwar nicht so ausdauernd und häufig wie sonst, aber mit einem Schallpegel, der, so der Gutachter, anderweitige Geräusche der Umgegend (immerhin Baustellenlärm mit Kreissägen, Hämmern und Krangeräuschen, und das an einer vollbefahrenen Durchgangsstraße) absolut zweitrangig machte. Der Gutachter wörtlich: „Der Gockel kräht so laut, daß die Fremdgeräusche im Moment des Krähens überhaupt keine Rolle spielen."

Unter diesen Umständen griff auch der Einwand der Halter, Blasi habe ja nur 3- bis 5mal an den Meßtagen sein berühmtes „mehrmaliges Krähen in kurzen Abständen" produziert, nicht.

Das Gericht bedachte diesen Vorgang mit dem schönen Wort „Krähpaket".

Schon das preußische Oberverwaltungsgericht stellte in einem Nachbarschaftsstreit 1929 fest, daß das frühmorgendliche Hahnengeschrei nicht nur die Nachtruhe der Nachbarn stört, eine Belästigung und ein Nachteil ist, sondern darüber hinaus eine mögliche Gesundheitsbeschädigung. Gerade Großstadtbewohner (und so einer hatte geklagt) seien wegen des unruhigen und nervlich aufreibenden Lebens in der Großstadt besonders auf von Geräuschen ungetrübten Schlaf angewiesen.

Kleine Nachtmusik

Lautsprecherboxen, groß wie Schränke, besitzt Herr D. nicht nur zur Dekoration. Er benutzt sie ausgiebig. Besonders nachts öffnet Herr D. gern seinen Schallplattenschrank. Dann dröhnen die Bässe durch das Wohnhaus im Westend, und die Nachbarn finden so recht keinen Schlaf.

Seit anderthalb Jahren geht das so. Jetzt gehen die Nachbarn vor Gericht. Eigentlich wollen sie gar keinen Prozeß. Sie wollen ihre Ruhe. Aber das ist eben schwierig bei den Boxen.

Anrufe bei Herrn D. seien bisher vergeblich gewesen, sagen die Nachbarn. Nicht einmal wuchtige Hammerschläge gegen die Wand hätten Erfolg gehabt: die Boxen, die an Leistung ihresgleichen suchten, überdröhnten alles. Und manchmal öffnet Herr D. auch noch das Fenster.

Zum Prozeß ist Herr D. nicht erschienen. Er hat seinen Anwalt geschickt. Und das ist ein guter Anwalt. Der hat nämlich gleich erkannt, daß sich die Anzeige gegen Herrn D. nur auf eine einzige Nacht bezieht, im Oktober vergangenen Jahres. Und selbst wenn Herr D. in allen übrigen Nächten die Anlage bis zum Anschlag ausgefahren hat, für eine gerichtliche Beurteilung ist nur die eine Nacht entscheidend. Und ob wirklich in dieser einen Nacht – es ist schließlich lang her – die Musik so schlafraubend war, können sich da wirklich alle Nachbarn so genau daran erinnern?

Als erstes bittet der Anwalt das Gericht um Ladung neuer

Zeugen, Freunde von Herrn D. Die könnten ihn entlasten, wenn sie sich vielleicht erinnern würden, daß in jener Nacht überhaupt keine Musik gespielt wurde, oder wenn, dann möglicherweise nur ganz leise. Das Gericht muß diesem Antrag stattgeben, der Prozeß wird sich hinziehen. Die Nachbarn, die vielleicht ein bißchen naiv und nicht sehr prozeßgeübt mit ihrer Klage-für-eine-Nacht waren, haben gelernt. Sie haben vorsorglich eine neue Anzeige gestellt, und falls Herrn D. für die eine Nacht doch noch ein Freispruch gelingen sollte, haben sie für Nachschub und einen zweiten Prozeß vorgesorgt.

Allerdings kann der noch eine Weile auf sich warten lassen, bei der Überlastung der Gerichte. Vielleicht ein Jahr. Oder zwei. Vielleicht hat Herr D. bis dahin schon wieder neue, noch schlagkräftigere Boxen. Solche, die man bis ins Gericht hinein hören kann.

Horch, was kommt

Laute Nachbarn sind zwar lästig, sie können aber auch als Sparquelle genutzt werden. Erfolgreich auf Mietminderung klagten Mieter vor dem Amtsgericht Osnabrück, weil die Wohnungsnachbarn durch lauten Besuch, Türenknallen und Musik störten. (Az.: 31 C 287/87.)

Das Grundrecht auf freie Entfaltung der Persönlichkeit gibt dem Wohnungsinhaber nicht das Recht, „einmal im Monat durch lautstarkes Feiern die Nachtruhe zu stören". (OLG Düsseldorf, Az.: 5 S [OWi] 475/89.)

Klavierspielen ist im Schnitt 1 bis 1½ Stunden pro Tag erlaubt. Der Nachbar muß dies dulden, wenn die Ruhezeiten eingehalten werden. (AG Hamburg, Az.: 48 C 2583/85. OLG Frankfurt, Az.: 20 W 23/87.)

Erfolgreich gegen Kirchenglocken klagte ein Anwohner vor dem Verwaltungsgericht Saarlouis. Das Schlagwerk der Kirchturmuhr sei nachts abzuschalten, weil das Läuten nachts nicht der Religionsausübung diene und folglich nicht hoheitlich sei. (Az.: 1 K 83/86.)

Allerdings: liturgisches Glockengeläute ist keine Belästigung, sondern eine zumutbare sozialadäquate Einwirkung. (Bayer. VGH, Az.: 7 C 44/81.)

Am besten anbinden

Weil sich Nachbarn durch Lärm von Kindern gestört fühlten, sind deren Eltern zur Räumung ihres gemieteten Einfamilienhauses im Taunus verurteilt worden. Anders als das Amtsgericht Königstein, das die Klage der Vermieterin noch abwies, kam das Frankfurter Landgericht als Berufungsinstanz zu dem Ergebnis, daß mit dem Kinderlärm vertragliche Verpflichtungen des Mieters „schuldhaft nicht unerheblich" verletzt worden seien. Die verklagte Familie wohnt in einem von drei in einer Reihe stehenden Häusern. Beschwert hatten sich die Nachbarn – Verwandte der Vermieterin, sie selbst wohnt gar nicht dort – über „lautes Poltern und deutliche Schläge" zur Mittagszeit sowie „lautes Topfschlagen, häufiges Ballspielen im Haus und das Rollen von Holzkugeln". Daß die Häuser schlecht isoliert und äußerst hellhörig sind, kann die Eltern nach Ansicht des Gerichts nicht entlasten. Denn „die besondere Nähe zu anderen, sei es Nachbar oder Mitbewohner, erfordere entsprechende Rücksichtnahme". Und Kinder dürften in einem angemieteten Haus nicht „tun und lassen", was sie wollten. Die Eltern hätten ihre Kinder eben „angemessen beaufsichtigen müssen". (Az.: 2/17 S 198/82.)

Kreisch, schnatter, bell

Fleißarbeit. Frankfurt. Ein fünfjähriger Streit um nächtliches Hundegebell endete jetzt mit der Verurteilung des Hundehalters. Der Frühinvalide hatte auf seinem Grundstück in Praunheim vier Schäferhunde gehalten, über die sich Anwohner und auch Patienten und Personal eines benachbarten Krankenhauses immer wieder beschwert hatten. Der Hundefreund hatte bislang die Klagen stets mit dem Argument abweisen können, es seien nicht seine wohlerzogenen dressierten Vierbeiner, die bellten, sondern die Hunde von anderen Nachbarn. Erst als ein Anwohner sich die Mühe machte und über 5 Monate hinweg Abend für Abend akribisch die Störungen notierte, war die Grundlage für eine Verurteilung geschaffen. Wenn der Hundehalter, so das Gericht, „künftig nicht mehr tut, um seine Hunde zum Schweigen zu bringen, wird er schon bald seinen Standort wechseln müssen. Denn die Nachbarn haben nun einmal ein Recht auf Ruhe".

Stille Sorte. Mühldorf. Vier schnatternde Enten verwandelten zwei ehemals gut befreundete Nachbarn in erbitterte Feinde. Während das Geschnatter dem Entenbesitzer Wohlklang verhieß, sah der Nachbar darin „eine unzumutbare Lärmbelästigung". Vor vier Jahren hatte sich der Entenfreund einen Teich angelegt und zwei Stock-, eine Haus- sowie eine Mandarin-Ente besorgt. Seitdem war der Nachbar ab den frühen Morgenstunden schlaflos. Vor Gericht forderte er Abschaffung des Geflügels. Der Amtsrichter besah sich beim Ortstermin die Lärmquellen genau und fand zu einem Vergleich: die lauten Haus- und Stockenten müssen weg, die „leisen, nachbarfreundlichen Mandarin-Enten" dürfen bleiben.

Frosch im Teich. „Mit dem Halten von Teichen ist die Ansiedlung von Fröschen und der von diesen ausgehende Gesang als voraussehbare Folge verbunden", erkannte schon trefflich das Reichsgericht 1910 in einem Nachbarschaftsstreit und verlangte Beseitigung von Frosch und Teich. So einfach ist das heute nicht mehr.

Seit sie unter Naturschutz gestellt sind (1983 riefen die Naturschutzverbände zum Jahr des Frosches aus), kann man im Prinzip gegen Frösche nicht mehr erfolgreich klagen. Obzwar von Prozeßgutachtern schon Spitzenexemplare mit einem Schalldruck von knapp 80 dB gemessen wurden und die Gerichte durchaus die Störqualität der Quaker anerkennen, hat der Naturschutz eindeutig Vorrang und der geplagte Nachbar unter Umständen – für ein paar Wochen – schlaflose Nächte. Gelegentlich kommt es zu solch skurrilen Auflagen wie vom Landgericht Lüneburg, das einen vom Nachbarn verklagten Teichbesitzer per Beschluß aufforderte, ausschließlich weibliche, d. h. nicht quakende Frösche zu halten. (Az.: 1 T 184/85.)

Kuhhandel. Lindau. Mira und Maja, zwei Allgäuer Kühe, dürfen ab sofort nur noch beschränkt bimmeln. Ein norddeutscher (!) Anwalt war vor Gericht gezogen, weil er sich durch die Kuhglocken auf der Weide im Dorf Hergensweiler bei Lindau belästigt fühlte. Der Richter verbannte die Rindviecher auf einen vom Kläger möglichst weit entfernten Teil der Weide. (AG Lindau, Az.: G 507/91.)

Seltene Vögel. 50 000 Mark wird es einen Tierhalter kosten, sollte es ihm künftig nicht gelingen, seinen Pfau nachts zur Ruhe zu bringen. Geklagt hatte ein lärmgeplagtes Ehepaar im Frankfurter Norden, das wegen der durchdringenden Pfauenschreie ab drei Uhr morgens nicht mehr schlafen konnte. (LG Frankfurt, Az.: 9 W 19/87.)

Das Oberlandesgericht Düsseldorf hatte über den Widerruf einer Vogelhalterin zu entscheiden, deren Graupapagei die Nachbarn so nervte, daß sie vor Gericht zogen und dem Vogel per Urteil den Schnabel verbieten ließen.

Die Vogelhalterin rief die nächste Instanz an, die bei ihrer Urteilsverkündung einen als Sachverständigen hinzugezogenen Diplombiologen so zitierte:

Graupapageien hätten „eine durchschnittliche Alterserwartung von 30 bis 50 Jahren". Der Papagei der Betroffenen stehe „in der Blüte seiner Jahre". Je älter Graupapageien würden, desto stärkere Laute gäben sie. Da diese Tiere hochsozial seien und daher Zuwendung durch den Menschen benötigten, komme es bei fehlender Zuwendung zu vermehrter Lautäußerung. Die Lautregelung selbst sei differenziert und könne in ihrer Lautstärke über 100 dB gehen. Entscheidend sei dabei die „obertonreiche Frequenz, die sich für das menschliche Gehör als schmerzend auswirken könne".

Das Gericht weiter: „Rechtsfehlerfrei hat das Amtsgericht die Betroffene verurteilt. Zwecks Wahrung der vorrangigen schutzwürdigen Belange ihrer Nachbarn wäre sie gehalten gewesen, die durch den Graupapagei drohende Lärmbelästigung abzuwenden. Zuzumuten wäre ihr insbesondere, *den Pa-*

pagei bei Verlassen der Wohnung mitzunehmen oder gegebenenfalls das Tier ganz abzuschaffen!" (OLG Düsseldorf, Az.: 5 Ss 476/89.)

Maulkorberlaß. Eine Frau störten die bellenden Hunde ihrer Nachbarin. Das klingt ziemlich banal. Das Gericht formulierte es viel schöner: „Die Klägerin will Geräuschimmissionen in Form von Hundegebell von ihrem Grundstück abwehren."

Aus dem Urteil:

„Wie die Klägerin durch Vorlage mehrerer eidesstattlicher Versicherungen (!) glaubhaft gemacht und wie auch die Vernehmung des Zeugen W. in der Senatsverhandlung bestätigt hat, hält die Beklagte, wenn es die Witterung zuläßt, ihre Hunde auf ihrem Grundstück in einem Zwinger, und die Tiere bellen, wenn sie in diesen Zwinger gesperrt sind, sehr häufig ungemein laut und nicht selten auch anhaltend. Das Bellen dieser Tiere beeinträchtigt die Klägerin in ihrer Rechtsstellung als Eigentümerin des Grundstücks. Es ist unmaßgeblich, ob das Hundegebell auf das Grundstück der Klägerin mit einer Lautstärke dringt, die eine gewisse Phonzahl übersteigt. Geräusche, welche die Aufmerksamkeit in besonderem Maße auf sich ziehen, sind störende Beeinträchtigungen auch dann, wenn sie diejenige Phonstärke nicht überschreiten, bei der Verkehrs- und Industriegeräusche noch hinnehmbar sind; sie beeinträchtigen schon bei einer Lautstärke, *mit der sie sich in das Bewußtsein desjenigen drängen, der sie nicht hören will.* Zu diesen Geräuschen, die nach ihrer Art den unfreiwillig Hörenden in besonderem Maße beeinträchtigen, gehört auch Hundegebell. Allerdings muß die Klägerin das störende Hundegebell hinnehmen, soweit es sie in der Nutzung ihres Grundstücks nur unwesentlich beeinträchtigt. Unwesentlich in diesem Sinne ist jedoch störendes Hundegebell nur dann, wenn es außerhalb der üblichen Ruhezeiten zu hören ist, also nur in der Zeit von 8 bis 13 Uhr und von 15 bis 19 Uhr, nicht länger als 10 Minuten ununterbrochen und nicht länger als 30 Minuten täglich."

Also: Hunde ja, aber nur ganz ruhige. Bei Musik und anderen Verrichtungen – auch darum hat sich das Gericht gekümmert – haben sie die Schnauze zu halten.

„Die Klägerin ist in der Nutzung ihres Grundstücks auch dann wesentlich benachteiligt, wenn sie – jedenfalls bei gutem Wetter – über mehrere Stunden durch anhaltendes Hundegebell an jeglichen Tätigkeiten gehindert wird, die Konzentration erfordern oder die, wie etwa das Anhören von Musik, bei lautem Hundegebell nicht ungestört ausgeübt werden können." (OLG Hamm, Az.: 22 U 249/88.)

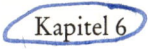

Kapitel 6

Vom Zusammenprall der Welten:
Natodraht und Öko-Garten

Picobello im Grünen

Wildwuchs. Durch über den Zaun geworfene „Leckereien"
vergiftet, fand ein Gartenliebhaber seinen Langhaardackel in
einem Vorort von Hannover. Der Hundebesitzer ist fest davon
überzeugt, daß die Tat von Nachbarn verübt wurde, die sich
schon öfter massiv über den Wildwuchs in seinem Öko-Garten
beklagt hatten.

Dschungel in Pinneberg. Ein Dorn im Auge war Pinneberger
Bürgern die Wiese eines Nachbarn, auf der ungehindert Mar-
geriten, Korn- und Mohnblumen wuchsen. Sie verklagten den
Grundstückseigentümer beim örtlichen Amtsgericht, das
„Unkraut zu mähen und den Rasen wieder kurz zu halten".
Bei einer Ortsbegehung kam der Richter jedoch zu dem
Schluß, daß Margeriten kein Unkraut seien, und stellte fest:
„Eine Umgestaltung des Rasens in eine Öko-Wiese ist hinzu-
nehmen, da sie im Sommer den Anblick der verschiedensten
Blumen bietet."

Kraut und Unkraut. In unserem Garten ist alles picobello.
Und „pflegeleicht", wie manche Latzhosen die Nase rümpfen,
ist unser Garten keineswegs. Jedes Grashälmchen haben wir
schließlich höchstpersönlich aus dem Gemüsebeet gezupft.
Schneiden, sägen, fräsen: so lieben wir die Gartenarbeit. Bewe-
gung ist gesund. Und hilfreich sind die Herbizide.

Pflegeleicht ist Nachbars Müllhalde, auch wenn er sie als
Bio-Garten tarnt. Der macht nämlich nichts. Sieht aus wie
Kraut und Rüben bei dem. Wuchert wie verrückt. Natur heißt
bei dem Faulenzen. Das ganze Unkraut kommt herüber zu

uns. Wir stehen im Streß der Abwehrschlacht. Im Prinzip gehört der Nachbar verboten. Daran arbeiten wir noch. Aber erst mal klagen wir gegen sein Unkraut. Wir haben nicht den geringsten Zweifel daran, daß Unkraut, zumal es uns derart belästigt, verboten ist. Sagt ja schon der Name: Un-Kraut.

Da sieht man mal, wie man sich schneiden kann.

„Es gibt keine Pflanze, die eo ipso Unkraut ist und nach objektiven Kriterien diesem Begriff zugeordnet werden kann. Die Bezeichnung einer Pflanze als Unkraut erfordert vielmehr eine subjektive Wertung. Unkraut ist demnach eine Pflanze, die der Betrachter an der Stelle, an der sie wächst, *nicht haben will*. Der Nachbar kann überwucherndes Unkraut selbst an der Grenzlinie abschneiden und die Verhinderung weiteren Überwuchses verlangen. Ansonsten bestehen praktisch keine Rechte, den Unkrautwuchs auf Nachbars Grundstück zu verhindern." (Michael J. Schmid, Richter am Amtsgericht Altenkirchen.)

Wir, die Vertreter der Aktionsgemeinschaft „Pflicht und Arbeit am Naturtrieb", fordern: freie Bahn dem Tüchtigen, und fragen angesichts der zunehmenden Öko-Duselei von Richtern besorgt: muß denn erst die ganze Republik zum Dschungel werden?

Es gibt ja Schlimmeres

Ein Bio-Gärtner klagte wegen Körperverletzung gegen seinen Nachbarn, weil der in seinem Garten diverse giftige Pflanzenschutzmittel versprühe. Das Amtsgericht Neu-Ulm wies die Klage ab mit der Begründung:

„Es ist nicht Aufgabe des Gerichts, festzustellen, ob die Verwendung chemischer Spritzmittel zweckmäßig oder unzweckmäßig ist. Daß eine gewisse Giftigkeit von solchen Mitteln ausgeht, kann sicher nicht bestritten werden. Ein Leben ohne Chemie ist in unserem Jahrhundert nicht mehr denkbar. Wenn man die vom Kläger geforderten Maßstäbe anlegen wollte, dann müßte sofort jeglicher Autoverkehr und die Benützung jedes Kamins eingestellt werden. Denn die aus den Auspuffrohren und aus den Kaminen entweichenden Gifte haben ungleich schädlichere Einwirkung auf die Umwelt als die Spritzmittel eines Kleingärtners." (Az.: 2 C 1161/84.)

Im vierten Versuch

Griesheim. Mit einem finalen Schuß hat ein 46jähriger Mann in Griesheim (Kreis Darmstadt-Dieburg) dem Hahn seines Nachbarn den Garaus gemacht und damit eine Nachbarschaftsfehde angeheizt. Wie die Darmstädter Polizei berichtete, meldete sich der Schütze gleich nach der Tat bei der Polizei und gab an, nur mit dem Niederstrecken des Hahns sei die Ruhe im dortigen Wohngebiet wiederherzustellen gewesen. Die Waffe wurde sichergestellt. Mit diesem Schuß aus einem Repetiergewehr erreichte ein seit drei Jahren schwelender Streit einen neuen Höhepunkt. Ein junges Ehepaar hatte sich damals einen Hahn und zwölf Hennen angeschafft, um nach dem Reaktorunglück von Tschernobyl unbelastete Eier essen zu können. Kurz nachdem das Ordnungsamt gegen Nachbarschaftsbeschwerden entschieden hatte, daß der Hahn namens „Gockelchen" krähen dürfe, wurde er von unbekannten Tätern gestohlen. Einen zweiten Hahn ereilte im März dieses Jahres das gleiche Schicksal. Der dritte Hahn überlebte kürzlich einen Anschlag mit vergifteten Körnern, an denen allerdings ein Huhn und 15 Vögel verendeten.

Öko-Schlampe

Frankfurt. Rausschmiß für Kleingärtnerin, weil sie Beete wuchern ließ.

Seit vier Jahren hat Elisabeth S. einen Garten in einer Kleingartenanlage am Rande der Stadt gepachtet. Nach jahrelangen Auseinandersetzungen droht ihr jetzt die Vertreibung aus dem Paradies – die Räumungsklage ist ihr bereits zugestellt worden. Grund: Die Nachbarn nehmen Anstoß an der wilden Botanik auf dem Grundstück von Frau S. Dazu die Beklagte: „Ich war vor allem auf der Suche nach einem Platz, wo ich organische

Abfälle kompostieren konnte. Ich habe versucht, alles möglichst ökologisch zu bewirtschaften. Deshalb habe ich auch so wenig wie möglich gehackt und umgegraben."

Einen Öko-Garten sieht der zweite Vorsitzende des Kleingartenvereins, Gerhard R., allerdings nicht, eher ein Stück vergammeltes Land. „Wir haben der Pächterin lange genug Gelegenheit gegeben, ihren Garten gemäß der Kleingartensatzung in Ordnung zu bringen. Genutzt hat dies wenig. Noch immer macht das Grundstück einen vernachlässigten Eindruck, das Unkraut wuchert schon meterhoch."

Von „Unkraut" will Frau S. nichts wissen. „Ich habe hier Nachtkerzen im Garten, deren Wurzeln hervorragend schmekken, so ähnlich wie Schwarzwurzeln. Und die Triebe des Kohls geben einen sehr leckeren Rohkostsalat. Aber viele Nachbargärtner kennen diese Pflanzen nicht."

Der Streit ist symptomatisch für Hunderte ähnlicher Fälle in der Bundesrepublik, in denen es stets um „ökologisch oder verwildert, Unkraut oder Nutzpflanze" geht. Frau S. hat über ihre Rechtsanwältin Einspruch gegen die Räumungsklage erhoben, die beiden Parteien werden sich demnächst vor Gericht treffen.

Um Streitfälle dieser Art, die sich immer mehr häufen, künftig zu verhindern, hat die Stadtgruppe der Frankfurter Kleingärtner eine Art Schlichtungsstelle eingerichtet. Können sich benachbarte Pächter nicht über die Art der Gartenbewirtschaftung einigen, tritt der Dachverband als Friedensstifter in Aktion. Im Zweifelsfall begutachten speziell ausgebildete Fachwarte den Zustand des umstrittenen Gartens. Ob, bei der häufig zu beobachtenden Unversöhnlichkeit der streitenden Gruppen, solchen Vermittlungsversuchen Erfolg beschieden ist, bleibt abzuwarten. Denn in der Frage „Unkraut-Ex und Öko-In" sind selbst die Experten gespalten, und laufen erst einmal die Prozesse, geht es um ganz andere Triebe.

Ein Richter sieht grün

Beim Streit um herabfallendes und über die Grenzen wehendes Laub tragen die Gerichte mehr und mehr einem geänderten Umweltbewußtsein Rechnung:

„In einer Zeit des zunehmenden Bewußtseins der Bevölkerung gegenüber umweltschädlichen Einflüssen muß dem vernünftigen Durchschnittsmenschen verstärkt daran gelegen sein, daß die für die Sauerstofferhaltung lebenswichtigen und auch wegen ihrer Schönheit schützenswerten Bäume möglichst erhalten bleiben."

„Die von einem Baum ausgehenden Immissionen erschöpfen sich nicht mit dem Blätterabfall, sondern daneben wirkt ein Baum als Sauerstofflieferant (ein großer Baum ca. 1200 Liter Sauerstoff in der Stunde), Luftbefeuchter (400 Liter Wasser pro Tag), Entgaser (2,4 Kilogramm Kohlendioxid in der Stunde), Kühlaggregat und Schallisolierer. Diese vielfältigen und lebenswichtigen Funktionen eines Baumes gilt es in einer Zeit allgemeinen Baumsterbens besonders zu beachten."

„Bedeutung mißt die Kammer auch dem Gesichtspunkt bei, daß, würde man begrünten Wohngegenden einen Geldausgleich für herabfallendes Laub, Blüten und Samen zubilligen, dies eine Vielzahl von Ausgleichsansprüchen ähnlich beeinträchtigter Grundstückseigentümer zur Folge hätte. Nicht auszuschließen wäre, daß Grundstückseigentümer wechselseitig Entschädigungsansprüche geltend machen würden. Letztendlich würde dies dazu führen, daß viele Eigentümer von Grundstücken, auf denen derartige Bäume stehen, diese Bäume entfernen, um möglichen Ersatzansprüchen ihrer Nachbarn vorzubeugen."

(LG Aachen, Az.: 10 O 619/86. LG Stuttgart, NJW 1980, S. 2087. OLG Frankfurt, NJW 1988, S. 2618.)

Ein Loch im Landschaftsschutzgebiet darf Herr Schick nicht buddeln

Herr Schick und Herr Schwacke wohnen in einem Dorf in der Wetterau. Herr Schick ist ein junger Mann, Herr Schwacke gehört der älteren Generation an.

Herr Schick hat ein Herz für die Natur. Herr Schwacke lebt davon. Herr Schick hat eine kleine Wiese, die er ökologisch betreut. Herr Schwacke hat 60 Hektar Fläche, die er wirtschaftlich nutzt. Herr Schick ist bei der Feuerwehr, Herr Schwacke der größte Bauer im Ort. Die Wiese von Herrn Schick liegt mitten im Acker von Herrn Schwacke.

Herr Schick macht sich Sorgen. Seine Wiese wird ja immer kleiner. Weil Herr Schwacke mit schweren Schleppern darauf wendet und die Ränder kaputtfährt. Wenn Herr Schick nicht aufpaßt, wird Herr Schwacke noch das ganze Biotop unterzackern. Herr Schick hat sich Pfähle und Stacheldraht besorgt und sich eingeigelt. Doch schon die Woche darauf war der Zaun ganz plattgewalzt. Da ging Herr Schick zum Anwalt. Tausend Mark hat der gefordert und Herr Schick bekommen.

Herr Schwacke ist sich keiner Schuld bewußt. Der Zaun behindert ihn beim Wenden mit schwerem Gerät. Da kann schon mal was passieren, ganz ohne Absicht. Die Wiese, dieses schmale Handtuch mitten im Feld, ist ihm schon lange ein Dorn im Auge. Herrn Schicks Vater heißt Karl. Vom Karl, der auch Bauer war, wollte Herr Schwacke schon die Wiese haben. Aber der hat sie ihm nicht gegeben. Sondern an seinen Sohn vererbt, den Herrn Schick. Duzen tut sich Herr Schwacke nicht mit dem.

Herr Schick sagt: Was der an Gülle ausbringt, das geht auf keine Kuhhaut. Und dann der Riesenmaschinenpark, den der hat. Bauern wie der nehmen keine Rücksicht auf die Natur.

Herr Schwacke sagt: Der Stromer lebt vom Faulenzen. Wo arbeitet denn der? In der Stadt! Und dem Bauern will er jetzt in die Arbeit reinpfuschen, dieser Hobbygärtner. Naturschutz? Davon hat der doch keine Ahnung.

Herr Schick hat einen offenen Brief im regionalen Anzeiger

veröffentlicht. Da hat er das Problem mit der Wiese den Leuten mal erklärt, mit Namensnennung. Da stehen so Sachen drin, wie: „Sehr geehrter Herr Schwacke, vielleicht wäre ein Ochsengespann für Sie in der Handhabung leichter als ein mit Technik vollgestopfter Traktor." Das ganze Dorf hat es gelesen. Daraufhin ist Herr Schwacke eines Abends im Dunkeln mit seinem Schlepper so haarscharf an Herrn Schick vorbeigebraust, daß der sich wie ein Hase ins Feld hinein überschlagen hat.

Herr Schwacke hat sich jetzt die Wiese von Herrn Schick mal genauer betrachtet. Was ist denn da für ein Loch mittendrin? Sieht aus wie ein Unterstand, mit Lattentür und Schloß davor. Herr Schick sagt, das braucht er als Trockenraum für das Grünzeug, das er immer mit der Sense abmacht, Öko-Futter fürs Niederwild. Herr Schwacke sagt, das braucht der als Stauraum für seine Bierkästen, wenn er grillt. Aber nur! Wie auch immer: Ein Loch im Landschaftsschutzgebiet darf Herr Schick nicht buddeln. Als Herr Schwacke das über seinen Anwalt herausfand, ließ er es flugs verbieten. Dämlich bin ich nicht, sagt Herr Schwacke. Ich weiß auch, was Naturschutz ist.

Im Sommer, wenn er durch den Schichtdienst bei der Feuerwehr mal zwei Tage frei hat, fährt Herr Schick mit seinem Allradjeep zu seiner mittlerweile natodrahtumzäunten Naturwiese und macht es sich dort auf einem Liegestuhl gemütlich. Dann macht er sich Gedanken um den Umweltschutz, die Anpflanzung der Feldgehölze, die Deckung der Bodenbrüter. Und ab und an hebt er seine Videokamera und filmt Herrn Schwacke bei der Arbeit. Wenn der zum Beispiel mal wieder bei der Gülle zu heftig zulangt.

Herr Schwacke sieht das alles und verwahrt es in seinem Inneren. Herr Schick ist verlobt und will bald heiraten. Er wünscht sich einen Sohn. Herr Schwacke hat schon einen Sohn, der will Bauer werden, der übernimmt das alles einmal. Und so wird eines Tages der Sohn von Herrn Schwacke den Zaun vom Sohn von Herrn Schick plattwalzen. Auf dem Land braucht alles seine Zeit. Aber wenn man mal etwas angepackt hat und die Sache kommt richtig ins Rollen, dann hält sie auch vor. Für Generationen.

Kapitel 7

Eigentum verpflichtet – wir gehen in Stellung

Verboten

In einem Haus mit Eigentumswohnungen ist alles, was nicht ordentlich von der Eigentümerversammlung genehmigt ist, verboten. Z. B. Entlüftungsrohre von Dunstabzugshauben, die nach draußen führen, vier Treppenstufen als Ausstieg vom Erdgeschoßbalkon in den Garten, die Dachluke, die durch ein Dachflächenfenster ersetzt wird, ein Deckendurchbruch zur Verbindung zweier Wohnungen.

Der kriecht mir unten in der Wäsche rum

Frau Deutz in Fürth besitzt eine schöne abgeschlossene Wohnung ganz für sich allein. Doch schon im Treppenhaus lauern die Gefahren. Und im Keller: Da ist der Kriegsschauplatz. Es hat dort manche Scharmützel und Gefechte gegeben. Denn der Feind wohnt im selben Haus, auf derselben Etage, Tür an Tür.

Herr Nielmann besitzt auch eine schöne Wohnung. Und in den Keller geht er nur, wenn Frau Deutz da auch hingeht.

Herr Nielmann hat einen Anwalt.

Frau Deutz hat einen Anwalt.

Die Herren haben zu tun.

Man wohnt ruhig und gediegen. Nicht einfach im schnöden Eigentum, sondern im Maisonette-Stil. Man hat nicht einfach Vorhänge, sondern Schabracken und Volants. Man ist antik möbliert. Man hat nicht einfach Nippes, sondern die Imitation einer Mingvase oder den Diskuswerfer in Marmor, griechisch nackt, 85 Zentimeter hoch. Man hat Kunstbände im Regal und

Kunstdrucke an der Wand. Es riecht nach Schonkaffee, Eau de Cologne und Salmiakpulver.

Beide Kontrahenten stehen auf ihren sonnendurchfluteten Balkonen, bewaffnet mit Aktenordnern, fotografischem Beweismaterial und schwarzen Sonnenbrillen. Wenn sie sich über die Brüstung beugen würden, könnten sie sich sehen. Aber das wollen sie gar nicht. Sie verlassen sich auf andere Organe. Frau Deutz kann und will Herrn Nielmann nicht riechen. Und Herr Nielmann sagt: „Die riech' ich schon zehn Meter gegen den Wind."

„Der Streit hat angefangen", sagt Frau Deutz, „nachdem Herr Nielmann hier in das Haus eingezogen ist, vor drei Jahren. Ich kam Mitte Januar von einer Thailandreise zurück und mußte feststellen, daß er sämtliche Keller, einschließlich Heizungskeller, Trockenraum und Gänge mit Möbeln vollgestellt hatte. Und meine Sachen im Gemeinschaftsraum, die waren zur Seite geschoben. Er hat, ohne mich zu fragen, Hand an meine Sachen gelegt."

Frau Deutz ist eine stämmige ältere Dame, seit zehn Jahren Witwe. Sie erschließt sich die Welt mit Studienreisen und liest Romane der gebildeten Art. Doch wenn es an ihr Eigentum geht, versteht sie keinen Spaß. Dann hat sie Haare auf den Zähnen, dann spricht sie mit einer Stimme, daß man vermeint, die Gläser klirrten im Schrank.

„Lächerlich", sagt Herr Nielmann, „diese Frau hat mich von Anfang an gehaßt. Kaum war ich im Haus, fing sie an, mich zu schikanieren. Sie hat sich aufgespielt, als wär' sie meine Mutter. Dauernd hat sie mir so Sachen vorgehalten, als wolle sie mich bestrafen. Einfach lächerlich. Sie hat sich über die Ordnung unter erwachsenen Menschen hinweggesetzt."

Herr Nielmann ist ein Mann in den besten Jahren, das heißt, die Jugend ist schon lang her, klein, mit Bauchansatz und Kugelkopf, über den er sich die spärlichen Haare quer gebürstet hat, von Ohr zu Ohr. Herr Nielmann ist Junggeselle, Manager der mittleren Etage bei einem Elektrokonzern. Er spricht entschlossen und mit Nachdruck. Er ist ein Mann, der Wichtigeres zu tun hat, als sich um diesen blöden Streit zu kümmern.

Aber wenn die Dame es nicht anders will, zahlt er gerne zurück mit gleicher Münze.

„Er hat mich angeschrien im Keller", sagt Frau Deutz, „ich wolle bloß Streit, ich wolle bloß Recht haben, ich hab' ihn nämlich durch meinen Anwalt gezwungen, seine Sachen da wegzuräumen. Und dann, es war Anfang Juli, hab' ich unten im Gemeinschaftsraum ein Fenster aufgemacht und hab' gelüftet. Kurze Zeit später war's wieder zu. Da hab' ich die Hausverwaltung angerufen und habe gefragt, ob man nicht mehr lüften dürfe. Warum denn nicht, haben die gesagt. Hab' ich's wieder aufgemacht. Am andern Tag waren sämtliche Fenster der Gemeinschaftsräume mit Nägeln zugenagelt."

Genagelt hat Herr Nielmann nicht wegen einer Laune oder gar aus Rachsucht, sondern aus einem höheren Erkenntnisstand heraus. Und tätig geworden ist er nicht als Privatmann, sondern als Funktionsträger. Die Pflicht hat gerufen.

„Ich bin jedes Jahr als Verwaltungsbeirat von der Mehrheit im Haus gewählt worden, bis auf die Stimme von Frau Deutz natürlich. Ich handele also, wenn ich etwas tue – im Gemeinschaftseigentum wohlgemerkt –, immer im Sinne der Gemeinschaft, für das Wohl der Mehrheit. Ich habe festgestellt, daß für das Lüften kein Bedarf vorliegt, weil der Keller dadurch nur feucht wird. Wenn es draußen warm ist und die Luft über 80 Prozent Feuchtigkeit aufweist, dann, das weiß jeder aus der Physikstunde, schlägt sie sich sofort an der Kellerwand nieder, und alles wird feucht. Ich habe das der Frau Deutz nicht nur gesagt, sondern ich habe das auch schriftlich nachgewiesen, mit Fach- und Lehrbüchern. Ich hab' alles herangezogen, was überhaupt nur möglich war. Es wird generell von ihr ignoriert."

Nachhilfestunden in Physik lehnt Frau Deutz ab. Lieber wollte sie Herrn Nielmann eine kleine Lektion in Rechtskunde erteilen. Ihr Anwalt tat die Ansicht kund, daß zur Aufrechterhaltung von Recht und Ordnung ein Hammer das ungeeignete Mittel sei.

„Im August", sagt sie, „kam ich nach einem Basistrümmerbruch in der rechten Hand aus dem Krankenhaus, da waren sämtliche Türen der Gemeinschaftsräume im Keller mit Drähten zugemacht. Über die Schlüssel, über die Klinken, alles zugedreht. Ich hab' Stunden gebraucht, um die abzumachen. Da hat er die Polizei geholt und mich angezeigt wegen Diebstahl an seinem Eigentum."

„Ich wollte das Haus sichern gegen Eindringlinge", sagt Herr Nielmann sonor, „im Auftrag der Eigentümergemeinschaft. Die Drähte waren mein Eigentum. Sie hat es weggemacht. Mein Anwalt hat mir aber gesagt: Ich brauch' mein Eigentum nicht zu suchen. Es muß dort sein, wo ich's hatte. War es aber nicht. Also Diebstahl, klarer Fall."

„Der Mann ist dermaßen unverschämt", regt sich Frau Deutz auf, „dauernd lauert er mir im Keller auf. Er hat mich innerhalb von zwei Stunden sechsmal im Keller eingeschlossen. Ich bin bei der Wäsche unten. Schließt er mich ein. Ich ruf' die Nachbarn, die schließen auf. Ich bin im Trockenraum. Schließt er mich ein. Wieder dasselbe. Sechsmal hintereinander. Wenn nicht zufällig jemand vorbeigekommen wäre, ich hätte stundenlang schreien können. Der wollte mich regelrecht wegschließen da unten. Wie in einem Verließ. Ich fürchte mich schon, allein da runter zu gehen. Ich rufe jetzt immer meine Tochter vorher an. Die kommt, und dann gehen wir zu zweit."

„Es ist ja völlig sinnlos", ruft Herr Nielmann, „wenn man täglich – tagtäglich, muß ich Ihnen sagen – in den Keller geht, täglich die Türen öffnet – auch heute. Auch nachts um 11 Uhr geht sie runter, schließt auf, macht die Türen und Fenster auf. Jetzt muß ich Sie fragen: Ist das noch im Sinne einer Hausgemeinschaft, einer Hausordnung, die ich übrigens geschrieben habe…"

Ach, Herr Nielmann hat die Hausordnung geschrieben?

„Ich habe die Hausordnung geschrieben", bestätigt er, „aber alle haben zugestimmt. Das stinkt ihr ganz furchtbar. Vor allem Punkt 6: daß die Türen geschlossen zu sein haben, daß die Fenster nur vom Hauswart oder von mir oder von dem Vertreter geöffnet werden. Daß ich die Ordnung hier mache, das stinkt ihr. Und deshalb schikaniert sie mich ständig. Ich habe einen teuren Schrank im Keller, ein antikes Stück. Dauernd öffnet sie das Fenster, macht den Draht weg, die feuchte Luft kommt an den Schrank."

„Er kriecht mir unten in der Wäsche rum", klagt Frau Deutz, „er beschmutzt sie. Zweimal mußte ich schon nachwaschen. Einmal wollte ich Wäscheteile aufhängen im Trockenraum, da kam er aus dem Dunkeln geschossen mit erhobenen Fäusten und schrie: Ihnen werd' ich's schon zeigen! Und dann hat er mir den Klammerbeutel aus der Hand gerissen und geschrien: Die nehmen Sie nicht, die nehmen Sie nicht! Bloß weil da ein paar Klammern von ihm mit dabei waren. Ich hab' gezittert am ganzen Körper. Und meine Tochter ist dann zu ihm gegangen und hat gesagt: Herr Nielmann, schämen Sie sich denn gar nicht? Was würden Sie machen, wenn man so mit Ihrer Mutter umgehen würde? Und da hat er gerufen: Das geht Sie gar nichts an. Meine Mutter ist bald tot! Und hat die Tür zugeknallt."

„Ich habe mir viel Gedanken gemacht, wie man sich schützen kann", sagt Herr Nielmann, „daß nichts von draußen eindringt. Man muß sich schützen privat. Nachdem der Draht weg war, hab' ich Schlüsselstopper gekauft, das sind so Plastikknebel – wie ein Krückstock –, die legt man über die Türklinke und in den Schlüsselring. Damit nicht durchgestoßen werden kann von außen. 20 Stück. Alle weg, hat sie alle gestohlen. Dann hab' ich so Aufkleber im Keller gehabt, so Sticker mit Aufschrift. Auf einem stand: Alles mit Köpfchen. Wurde entfernt. Als nächstes hab' ich einen geklebt: Sonniges Südtirol. Auch weg. Dann hab' ich draufgeklebt: Karamalz macht stark. Wurde abgemacht. Dann war drauf: 400 Jahre Schloß Glücksburg. Abgemacht."

„Eine Diebin hat er mich genannt", bebt Frau Deutz, „ich und eine Diebin! Ich hab' sofort Strafanzeige gegen ihn gestellt. Wegen Beleidigung und Verleumdung."

„Wir sind vors Schiedsgericht gezogen in Ulm. Da holte Frau Deutz aus ihrer Tasche das Corpus delicti heraus: die Original-Aufkleber!" Herr Nielmann schüttelt noch heute den Kopf über so viel Unverfrorenheit. „Jetzt ist es egal, was das für einen Wert hat. Es waren meine Aufkleber! Ist vollkommen egal, was das wert ist. Es ist Sachbeschädigung und Diebstahl. Auch ein Pfennig ist mein Eigentum!"

Herr Nielmann hat sich in Rage geredet. Bei, schätzungsweise, 200 000 Mark Jahresgehalt muß er nicht unbedingt mit dem Pfennig rechnen. Aber Recht ist Recht. Und so ganz einverstanden ist er nicht mit dem Schiedsspruch, der beide Parteien zu einer Zahlung von sage und schreibe 25 Mark verdonnerte. Dafür kann man viele Sticker kaufen, aber der seelische Schaden, den ihm diese Frau zufügte, ist unbezahlbar.

„Ich habe keine Ruhe vor diesem Mann", stöhnt Frau Deutz. „Der verfolgt mich, der muß am Guckloch stehen, wenn ich in den Keller gehe. Am 1. März bin ich nach Indonesien gefahren.Und erst dort konnte ich wieder ruhig schlafen."

„Fragen Sie mal im Haus, wer sich mit der Frau Deutz verträgt", zischt Herr Nielmann, und die Schilderung der Lage gerät ihm zunehmend unübersichtlicher: „Das ist doch auch die Frage, daß man sagt: Bin ich es? Oder ist sie es? Oder sind wir es alle zusammen gegen sie? Oder ist es sie gegen uns? Und wer ist jetzt was? Das ist doch die Frage!" ruft Herr Nielmann und schaut verwirrt.

„Ich", sagt Herr Nielmann, „will keinen Streit. Ich will nur das, was wir in einer – wohlgemerkt – demokratischen gemeinschaftlichen Abstimmung beschlossen haben, durchsetzen! Sonst bin ich der Hampelmann! Sonst sagen die anderen: Der läßt sich auf der Nase herumtanzen, der ist ein Schlappschwanz! Das geht nicht. Faustrecht dulde ich nicht in diesem Haus!"

„Ich hab' neulich im Treppenhaus, nicht im Keller, das Fenster zu öffnen gewagt. Das darf ich, vom Treppenhaus steht nichts in der Hausordnung. Da kam er gleich runter und schrie: Das Fenster bleibt zu! Da hab' ich gesagt: Das Fenster bleibt auf! und hab' mich mit ausgebreiteten Armen davorgestellt. Da hat er mich brutal weggeschubst und geschrien: Zu bleibt es, du alte Vettel!"

Frau Deutz krampft richtig mit dem Kiefer. Sie mahlt mit den Zähnen.

„Der Polizist hat zu mir gesagt: Frau Deutz, ich würde ausziehen. Ich sag': Ich hab' so viel in meine Wohnung reingesteckt! Ich liebe meine Wohnung! Da hat er gesagt: Wenn das so weitergeht, Sie kriegen keine Ruhe. Eher trägt man Sie mit den Füßen voran aus dem Haus. – Ich bin fix und fertig. Ich bin laufend in ärztlicher Behandlung. Ich hab' mir alles so schön gemacht, von meinem Geld, alles von meinem eigenen Geld. Den Garten, die Bäume. Stellen Sie sich vor, da hat er gesagt, den Gartenschlauch – der steht uns allen zur Verfügung –, den würde er mir jetzt wegschließen, weil ich ihn nicht so hinlege, wie er das will. Der Mann ist nicht ganz richtig! Das ist ein Teufel!"

„Ich bin es, der bedroht worden ist", sagt Herr Nielmann, „von ihr, ihrer Tochter und ihrem Schwiegersohn. Ich bin aufs Übelste beschimpft worden: Du Arschloch, Dich schlag' ich zusammen. Du schwule Sau! Ich kann Ihnen das gar nicht wiedergeben", betont Herr Nielmann, „das gehört nicht zu meinem Sprachschatz. Aber ich habe alles Mama erzählt."

Mama?

„Sie müssen wissen", sagt Herr Nielmann, „meine Mutter wohnt noch bei mir. Sie muß das alles mit ansehen. Darf ich Ihnen meine Mutter vorstellen?"

Im Wohnzimmer, das mit tonnenschweren altdeutschen Möbeln vollgestellt ist, sitzt eine fast 90jährige Greisin im geblümten Sommerkleid auf einer riesigen Chaiselongue. Ganz zerbrechlich sieht sie aus mit ihrem mageren Vogelkopf. Aber sie hat harte Knopfaugen, die ihr Gegenüber glasklar mustern. „Schick die fremden Leute weg, Hermann", sagt sie und stampft ungeduldig mit dem Krückstock auf, „die Mittagspause ist schon längst vorbei. Du mußt ins Büro. Und zieh dieses gräßliche Jackett aus."

Schüssel nein

Ein Wohnungseigentümer montierte vor seinem Fenster eine Fernseh-Parabolantenne. Mit dem Argument, die Schüssel verschandele die Fassade, klagten die Hausnachbarn dagegen und erhielten Recht. Der Fernsehfreund muß die Schüssel abbauen. (LG Stuttgart, Az.: 2 T 518/90.)

Kabel ja

Wird der Anschluß ans Kabelfernsehen mehrheitlich von der Eigentümerversammlung beschlossen, so nützt der Einspruch der Minderheit – insbesondere, wenn der bisherige Fernsehempfang durch die alte Gemeinschaftsantenne nicht gut war – nichts. An den Kosten fürs Kabel müssen sich alle beteiligen, auch die Gegner. (OLG Hamburg, Az.: 2 W 54/89.)

Kinder ja

Hobbyräume, die als Teileigentum im Keller eines Hauses von Wohnungseigentümern liegen, dürfen – in begrenztem Umfang – als Kinderladen genutzt werden. Denn: „Die Nutzung der Räume als Betreuungsstätte für Kleinkinder ist zulässig, weil die übrigen Wohnungseigentümer dadurch nicht mehr beeinträchtigt würden als durch eine Nutzung als Hobbyraum." (BayObLG B. Reg. Az.: 2 Z 112/90.)

Bolzplatz nein

Einmütigkeit per höchstrichterlichem Beschluß verlangte das Oberlandesgericht Düsseldorf von einer in sich zerstrittenen Eigentümergemeinschaft. Ob die gemeinschaftliche Rasenfläche von ihren Kindern als Bolzplatz benutzt werden dürfe, darüber waren sich die Wohnungseigentümer in die Haare geraten. Eine knappe Mehrheit hatte sich dafür entschieden, die Minderheit focht jetzt diesen Beschluß an, mit Erfolg. Das Gericht verwies in seiner Begründung darauf, daß auch in öffentlichen Grünanlagen das Ballspielen in aller Regel verboten und nur auf besonderen Flächen ausnahmsweise gestattet sei. Die beschlossene Nutzungsänderung entspreche nicht dem Interesse der Gesamtheit der Wohnungseigentümer, das Ruhebedürfnis der zahlenmäßig in diesem Fall nur knapp unterlegenen Minderheit habe Vorrang.

Weiterhin betonte das Gericht, daß in einer Eigentumswohnanlage solche Entscheidungen prinzipiell nicht durch Mehrheitsbeschluß zu Lasten der übrigen Wohnungseigentümer gefällt werden könnten und folgerte: „Insbesondere zum Ballspielen müssen auch die Kinder von Wohnungseigentümern Sportplätze oder die vielfach eigens dafür hergerichteten sogenannten Bolzplätze aufsuchen." (Az.: 3 WX 252/85.)

Ein Grundstücksbesitzer

Ein Grundstücksbesitzer wurde vom Landgericht Saarbrücken verurteilt, seine vier Meter hohe „Fichtenmauer" um einen Meter zu kappen. Grund: Dem Nachbarn dürfe das Sonnenlicht nicht entzogen werden. (Az.: 2 S 65/90.)

Ein Baumbesitzer

Besitzer von Bäumen, die am Straßenrand stehen, sind verpflichtet, die Bäume so zu halten, daß weder Menschen noch Fahrzeuge beschädigt werden. (Oberlandesgericht Köln, Az.: 7 U 153/87.)

Ein Heckenbesitzer

Ein Mann hat eine Hecke. Die Hecke hängt zum Nachbarn über. Der Nachbar verlangt die Beschneidung der Hecke. Das Recht hat er.

Um den Überhang abzuschneiden – die Hecke ist hoch –, müßte der Heckenbesitzer das Grundstück des Nachbarn betreten. Aber der Nachbar verweigert ihm das. Das Recht dazu hat er auch.

Schwierig. Aber nicht für das Gericht.

Denn: „Es mag durchaus sein, daß das Beschneiden der Hecke für den Beklagten vom Grundstück des Klägers aus leichter zu bewerkstelligen ist. Das allein rechtfertigt aber ein Betretungsrecht nicht. Der Beklagte ist verpflichtet, seine Hecke so zu gestalten, daß ihm deren Beschneidung von seinem Grundstück aus möglich ist. Es bleibt sonach bei dem Grundsatz, daß das Nachbargrundstück nur mit Einwilligung des jeweiligen Eigentümers betreten werden darf." (LG München II, Az.: 2 S 2115/86.)

Kapitel 8

Der Feind in uns oder Orchideen in Grönland

*Ein Gespräch mit dem Pädagogen und Therapeuten
Dr. Herbert Stubenrauch*

Frage: Streit unter Nachbarn – woran denken Sie dabei zuerst?
Stubenrauch: Giftzwerge haben Sie das genannt. Was ist ein
Giftzwerg? Das ist eigentlich ein ganz kleiner Mann, eine
kleine Frau, ein Zwerg. Fühlt sich im Überlebenskampf
schwach und klein. Und sein Mittel, mit dem er sich vertei-
digt, ist das Gift. Und das Gift hat zwei Funktionen. Es
macht ihn selber – weil giftig – als Beute ungenießbar; und es
ist für ihn eine Waffe, mit der er den anderen, seinen Gegner, vergiften kann. Und diese Kombination, daß ich mich
klein und zugleich in meinen territorialen oder meinen Be-
sitzansprüchen eingeschränkt fühle, macht mich zum Giftzwerg. Das heißt, ich muß List verwenden. Und meine List,
die List des Kleinen, ist das Gift. Das ist sozusagen der gat-
tungsgeschichtliche Hintergrund.
Frage: Schürfen Sie da nicht ein bißchen tief?
Stubenrauch: Überhaupt nicht. Im Streit unter Nachbarn geht
es zwar auf den ersten Blick „nur" um Kleinigkeiten, aber
die stehen für große Dinge. Sie sind Symbole für elementare
Vorgänge. Es geht um uralte Sachen: Recht, Besitz, Territo-
rium, Vorteil. Ich denke, es ist eine Illusion, zu glauben, der
Mensch sei ein friedfertiges Wesen. Die Geschichte der
Menschheit ist die Geschichte davon, wie ein wildes Tier
kulturell domestiziert wird. Am Anfang steht Totschlag.
Kain erschlug seinen Bruder Abel. Es ging um Territorial-
streitigkeiten. Und es ging um Familie. Mein Ansatz, um
diese Streitigkeiten zu verstehen, ist also ein doppelter.

Einerseits ein gattungsgeschichtlicher, andererseits ein familiärer.

Frage: Nachbarschaftsstreit und Familie? Das hängt zusammen?

Stubenrauch: Je enger die Leute zusammen sind, um so höher ist die Konfliktwahrscheinlichkeit. Das beste Beispiel dafür ist die Familie. Familien sind Brandherde von Konflikten. In Familien soll ja gelernt werden, mit Konflikten umzugehen, sie auf die eine oder andere Weise zu lösen. Doch das Modell Familie funktioniert immer weniger. Ein Fall aus meiner Nachbarschaft: Die Mutter hat ihre Tochter und den Schwiegersohn im Haus wohnen. Die Mutter will herrschen. Die Tochter lehnt sich dagegen auf. Es geht um irrwitzige Kleinigkeiten, ums Putzen, um die Gartenbepflanzung, es schaukelt sich hoch, es kommt zu Streit, zu Schlägereien, die jungen Leute ziehen aus, die Familie ist völlig aus dem Lot.

Frage: Unsere Gesellschaft setzt auf Rationalität. Wir glauben doch, daß wir Konflikte mit dem Verstand beherrschen können.

Stubenrauch: Die Psychoanalyse weiß, daß die Ratio, der Verstand, gerade mal ein Viertel von dem ausmacht, was unser Handeln steuert, die anderen Dreiviertel sind unbewußt. Und um dieses Ineinanderverbeißen von Nachbarn zu verstehen, muß man eben die unbewußten Vorgänge verstehen. Und die haben etwas mit der Familie zu tun, mit dem, was mir angetan worden ist als kleines Kind, z. B. Ohnmachtserfahrung, Hilflosigkeit oder Vernichtungsangst, die ich in meinem erwachsenen Leben unbewußt weitergebe. D. h. das, was mir angetan worden ist früher, tu ich jetzt mir selber und tu es anderen an. Es geht um ganz elementare Sachen. Streit um Nahrung, wer kriegt die bessere Nahrung. Wer kriegt mehr Zuwendung von der Mutter. Die Mutter, die selber ein ungeliebtes Kind war, wird ihre Tochter behandeln wie ein ungeliebtes Kind. Die Reibereien sind unbewußte Re-Inszenierungen von frühen Szenen.

Frage: Sie glauben, daß die Anlässe, die zu Streit unter Nachbarn führen, nicht die eigentlichen Gründe sind?

Stubenrauch: Der Erste Weltkrieg ist ausgebrochen durch die

Schüsse in Sarajevo, aber das war nicht die Ursache. Und genauso ist es zwischen Nachbarn. Zum Beispiel: Ein Nachbarschaftsstreit entsteht um das Laub, das von den Bäumen des anderen in meinen Garten fällt. Was verfolge ich, indem ich den Schmutz und den Dreck des anderen verfolge? Ich verfolge eigentlich unbewußt den Schmutz und Dreck in mir. Ich weiß nichts davon. Aber indem ich den Dreck beim anderen verfolge, kann ich meine ganzen Energien da reinstecken und begreife nicht, daß ich, im Kampf mit dem anderen, eigentlich meine eigenen ungeliebten Anteile verfolge. Der Nachbar mit der Hausmeistermentalität, der jeden Papierschnipsel im Treppenhaus verfolgt wie den Leibhaftigen, der verfolgt natürlich damit seinen eigenen Schatten. Der eingangs erwähnte Streit zwischen Mutter und Tochter, der sich an absurden Kleinigkeiten entzündet, hat einen harten und bitterbösen Kern. Die Mutter, die die Tochter nie haben wollte, sagt: Du bist eine Mißgeburt. Und die Tochter sagt: Ich will, daß du verreckst.

Frage: Es fällt auf, daß viele dieser Fälle im gutbürgerlichen Milieu spielen: Vorort, Reihenhaus, Garten, nette Kinder, nette Familie.

Stubenrauch: Das ist die Frage nach der Wahl der Mittel. Im Mittelstandsmilieu ist bei Streit in der Regel nicht die Polizei da, sondern der Rechtsanwalt. Hier ist ein Trend festzustellen, der etwas mit der allgemeinen Entwicklung dieser hochkomplizierten Gesellschaft zu tun hat: daß nämlich der unmittelbare Auseinandersetzungsmodus mit meinem Nächsten immer mehr durch die Bezahlung von Experten abgelöst wird. Für jeden Lebensbereich gibt es einen bezahlten Experten. Für die Gesundheit ist der Arzt zuständig, für die Seele der Seelsorger, für meine Art, mich fortzubewegen, das Straßenverkehrsamt usw.

Frage: Das hat ja auch etwas Entlastendes.

Stubenrauch: Ja und nein. Klar ist es von Vorteil, wenn ich in wichtigen Fragen Hilfe habe, oder wenn ich unwichtigen Kleinkram an meinen Rechtsanwalt delegieren kann. Nur, dahinter steckt in der Konsequenz eine fatale Vorstellung:

nämlich die, gegen alle unberechenbaren Vorkommnisse im Leben Sicherheit kaufen zu können. Es gibt Millionen Menschen, die im Schnitt 12 bis 15 verschiedene Versicherungspolicen abgeschlossen haben. Rechtsschutz, Lebensversicherung, Haftpflicht, Tagegeldausfall usw. Das ist nichts anderes als der verzweifelte Versuch, das Unberechenbare im Leben, nämlich Krankheit, Tod, Schmerz, Verzweiflung, mit technischen und bürokratischen Mitteln sicher zu machen. Eine Scheinsicherheit.

Frage: Im Streit unter Nachbarn geht es auch häufig um den Kampf: Ordnung gegen Unordnung.

Stubenrauch: Ruhe, Ordnung, Sauberkeit. Alles Schmuddelige, alles Schräge bedeutet für diesen – wie die analytische Entwicklungstheorie das nennt – analen Charakter eine äußerste Bedrohung. Je ordentlicher ein Milieu ist, um so strenger wird alles Schmuddelige verfolgt. Deshalb ja auch solche irrwitzigen Prozesse, ob in einem gutbürgerlichen Wohnviertel ein Heim für Behinderte sein darf oder für Alte und Gebrechliche. Das ist sozusagen der Versuch, das Kranke, das Schräge, das Unangepaßte aus meinem Leben herauszudrängen und mit allen Mitteln zu bekämpfen.

Frage: Es geht auch um Besitz, um Eigentum. In dieser Frage wird der Kampf besonders erbittert geführt. Krieg im kleinen?

Stubenrauch: Verglichen mit realem Krieg – als z. B. unsere Elterngeneration Europa mit Millionen Toten überzogen hat – sind diese Nachbarschaftsstreitigkeiten sicher harmlos. Ein Krieg ist nicht vergleichbar mit einem Streit um die Hausantenne. Nur: Die Struktur ist die gleiche, dieses Gefühl, ich muß für das, was ich habe, kämpfen. Es fällt mir nicht in den Schoß. Und der eigentümliche Widerspruch ist der: Je mehr ich habe, desto mehr glaube ich, kämpfen zu müssen.

Frage: Aber es geht doch oft wirklich nur um hahnebüchene Kleinigkeiten, Zweige, Frösche, pissende Hunde. Was geht in ansonsten vernünftigen Leuten vor, daß sie solchen Kleinkram so aufblasen?

Stubenrauch: Weil dieser Kleinkram für etwas ganz anderes steht. Der Anlaß ist austauschbar. Ich möchte das in ein Bild kleiden: Wenn ich als Universitätsprofessor, wohnhaft in Kronberg, 40 Jahre meines Lebens mit äußerster Anstrengung, mit äußerster Disziplin, mit irrsinnigem Konkurrenzgehabe mich an diese Stelle geschafft habe, dann hab' ich sozusagen in meiner Biographie auch unheimlich viele Sachen abgespalten, nicht zugelassen. Und jetzt genügt manchmal der kleinste Anlaß, um diese aufgestaute Aggression – die Unterdrückung von eigenen Lebensimpulsen – ausleben zu können. Laub, Zweige, Radiolärm, es ist völlig gleichgültig. Die Anspannung und auch Frustration sucht sich ein Ventil. Sozusagen: das ungelebte Leben explodiert am Gartenzaun.

Frage: Die Leute, die in solchen Konflikten stecken, fühlen sich auf der anderen Seite überhaupt nicht wohl dabei. Sie zappeln wie im eigenen Netz. Sie wollen es nicht und tun es dennoch. Und alle sagen sie: Ich bin ein friedlicher Mensch, und der Nachbar ist der Störenfried.

Stubenrauch: Also: Es kann der Beste nicht in Frieden leben, wenn es dem bösen Nachbarn nicht gefällt. Das heißt doch: Ich bin gut, nur der andere hindert mich daran, gut zu sein. Und ich leide wie Sau. Natürlich macht das keinen Spaß. Wenn man diese Menschen fragt, die da mit Tausenden von Mark und Tausenden von Stunden ihre Rechtsstreitigkeiten ausfechten, sagen sie alle: Was würde ich dafür geben, wenn ich in Ruhe gelassen würde. Und das ist die Verkennung. Sie lassen den Schatten nicht in Ruhe. Und sagen: Der andere ist derjenige, der mich dazu zwingt, böse zu sein. Und das ist nichts als Projektion. In dem Sprichwort steckt das uralte Muster der Abspaltung: Gut bin ich, böse der andere. Der Engel braucht notwendig den Teufel. Und dieser Streit wird tausendmal am Tag neu inszeniert.

Frage: Aggressionen rauslassen macht ja nicht nur Schmerz. Es macht auch Lust.

Stubenrauch: Man könnte sogar sagen: Leben ist tot, wenn es keinen „thrill" hat. Jeder Juxplatz, jede Achterbahn lebt davon. Dieses Grundgefühl, daß das Leben langweilig geworden ist und einen „Kick" braucht, spielt beim Beginn von Nachbarschaftsstreitigkeiten, die ja besonders in diesen gediegenen, aber eben auch langweiligen Vorortsiedlungen grassieren, eine Rolle. Nur: Solche Streite können eben Achterbahnen ohne Ende werden und der Kick zum Alptraum.

Frage: Fehlt bei uns so etwas wie Streitkultur im Alltag? Müssen wir lernen, Aggressionen anders auszuleben?

Stubenrauch: Ich kann überhaupt nicht überleben, wenn ich nicht die Fähigkeit zur Aggression habe. Ich kann keinen Löffel Suppe zu mir nehmen, wenn ich ihn nicht aggressiv mit meinem Mund verschlinge. Und ich kann kein Haus bauen, wenn ich nicht wirklich zupacke. Das ist gesunde, lebensnotwendige Aggression. Und eine ganz bestimmte kulturelle Entwicklung – das hat etwas mit Europa und dem Protestantismus zu tun – diffamiert diese „positive" Aggression. Deshalb wird das Potential dafür schon sehr früh unterdrückt. Wir Deutschen haben da ein besonders fatales Erbe. Mein Lehrmeister Jacob Stattman, bei dem ich meine gestalttherapeutische Ausbildung gemacht habe, ist Jude, amerikanischer Jude, und er hat einmal einen Satz geprägt, der mich sehr beeindruckt hat: „Die Deutschen nehmen so lange Rücksicht, bis sie sich selber oder andere umbringen." Und da ist was dran. Rücksicht hat etwas Positives. Ich berücksichtige die Lebensinteressen meines Nächsten, ich respektiere sie. Aber: Eine Rücksicht, die meine Aggression unterdrückt, schafft ein Reservoir an Destruktion, und das kann tödlich sein. Im Nachbarschaftsstreit steckt ein starkes Moment von dieser Tradition. Hinter dem oberflächlich betrachtet harmlosen Geplänkel lauert der Wunsch nach Vernichtung. Man will dem anderen wirklich ans Leder, wirklich an die Gurgel. Man verbeißt sich in ihn. Die jahrelang, eben „verbissen" geführten Prozesse zeugen davon. Es geht nicht um den Ausgleich von Interessen, nicht um Konfliktfähigkeit, Kompromißbereitschaft. Der andere, der Feind, soll in den Staub.

Frage: Ist der Krieg der Nachbarn unabwendbar, müssen wir damit leben wie mit Schnupfen?

Stubenrauch: Es gibt kein Rezept. Vordergründige Appelle an die Einsicht nützen nichts. Ein Beispiel: Jede zweite Ehe wird geschieden. Da hilft auch keine Aufforderung: Nun vertragt euch! Ich sage immer: Wenn die Menschen nicht wären, ginge alles ruck zuck. Will sagen: Der Mensch hat eine große Portion Unvernunft in sich. Sein Handeln wird gesteuert von Triebkräften, Impulsen oder Motiven, die nicht unmittelbar der Vernunft zugänglich sind. Dennoch: Ich denke, ich darf nicht darauf verzichten, das scheinbar oder tatsächlich ungerechte Handeln des anderen angemessen zu verstehen. Das hindert mich nämlich daran, einen diffamatorischen Blick auf diese Streitigkeiten zu werfen, nach dem Motto: alles Verrückte. Wenn ich verstehe, was die Leute tun, heißt das nicht, daß ich das billige oder gut finde. Aber es heißt auch nicht, daß ich sage: Ich bin ja der Bessere, ich bin ja aufgeklärt, mir kann das nicht passieren. Das ist genau der Irrtum. Noch ein letzter Aspekt: Ein Motiv, weshalb diese berühmten Prozeßhanseln sich ihr Leben lang mit Prozessieren beschäftigen, ist meiner Meinung nach das Lebensgefühl, zu kurz gekommen zu sein. Das hat wieder etwas mit der Kindheit zu tun, wie man zum Giftzwerg wird. Diese Grundstimmung: Ich bin zu kurz gekommen, kann ein ganzes Leben färben. Und all diese tausend Prozesse haben psychisch gesehen den Sinn, mir etwas zu erobern, was mir eigentlich zusteht. Aber das, was ich erobere – die Rechtsgewalt über meinen Nachbarn –, ist es gar nicht, was ich eigentlich will. Ich will z. B. die Aufmerksamkeit und die Liebe meiner Mutter, meines Vaters, meiner Geschwister usw. Die krieg' ich nicht, weil ich sie damals nicht gekriegt habe, und die werde ich nie kriegen. Und trotzdem bestimmt es meinen Lebensalltag immer wieder auf diesem anderen Feld, mein Gefühl von Zukurzgekommensein. Ich muß es ausdrücken, immer wieder neu, in der Hoffnung, daß ich das kriege, was ich nie kriegen werde. Deshalb dieser Wiederholzwang, diese Endlosigkeit der Prozesse. Und dieses Nichtaufhörenkönnen. Das ist so, als wenn man immer wieder nach Grönland aufbricht, in der Hoffnung, eine Orchidee zu finden.

Kapitel 9

Grundbesitz: vermintes Gelände

Das ist wie eine Krankheit, mit der man leben muß

„Das sind Fotos von einer Wasserschlacht. Beide Nachbarn bespritzen sich gegenseitig."

Herr Engel sagt dies im Ton des objektiven Beobachters. Seine Stimme ist ruhig und flößt Vertrauen ein. Mit ihr verkauft er Schatzbriefe und Bundesobligationen. Herr Engel ist Bankkaufmann. Auf den Fotos sieht man zwei Herren in kurzen Hosen. Sie stehen, getrennt durch einen Zaun, im Grünen und halten Schläuche in den Händen. Es spritzt ganz gewaltig. Der eine Herr, ein blonder glattrasierter, ist schon tropfnaß. Der andere, mit Schnäuzer, ist Herr Engel.

„Das ist nicht gestellt", erklärt Herr Engel, „so war es wirklich. Ich bin noch am selben Tag zur Polizei gefahren und habe eine Anzeige gemacht. Ich bin auch ins Krankenhaus und habe mir eine Tetanus-Spritze geben lassen, weil ich aufgrund der Strahlen hingefallen bin und mich am Schienbein verletzt habe. Vollkommen durchnäßt. Hatte mich gerade geduscht. Hätte ich das gewußt, hätte sich das erübrigt. Das ist unverständlich, das versteht auch keiner, aber man sieht ja, wie herrlich die Wohnlage ist."

Man findet es nicht gleich, so verborgen und still im Grünen liegt die Reihenhaussiedlung in Düsseldorf-Hösel. Eine feine Adresse. „Am Vogelsang." In den Häusern Nr. 63 und 65 tobt seit sieben Jahren ein irrer Nachbarkrieg. Ein Psycho-Thriller ohne Ende. Die Kontrahenten: der Bankkaufmann und ein Computer-Experte mit ihren Familien.

Frau Engel hat alles fotografisch festgehalten. Es ist schwierig mit der Chronologie. Sieben Jahre ununterbrochener Grabenkrieg, da verschwimmt manches. Frau Engel wirkt seltsam teilnahmslos und müde. Sie lacht nicht mehr. Ihre Stimme klingt wie in Watte gepackt.

„Rosengitter abgerissen, faules Fleisch im Eimer, Gartenmauer zu hoch, Terror mit Scheinwerfern nachts, Androhung von Gewalt, üble Nachrede, Körperverletzung…", sie hat das schon zu oft erzählen müssen, vor allem Anwälten und Richtern.

Das System ist klar: Es ging vom Guten zum Schlechten. „Anfangs hatte ich mit seiner Frau netten Kontakt. Wir haben uns besucht. Die Männer haben auch mal 'nen Sherry zusammen getrunken."

Dann ging die Nachbarschaft kaputt. Stück für Stück. „Ein Wort ergab das andere", erinnert sich Herr Engel und fährt bankmäßig fort: „Im Anschluß erfolgte Schriftverkehr." Mauer aufgebaut, Mauer abgerissen, Büsche gepflanzt, Büsche entfernt, Fahrradschuppen begonnen, Genehmigung verweigert usw. – Kleinigkeiten nur, aber die Summe macht es. Beide Seiten schenkten sich nichts. Sie heizten ein, sie legten nach. Mal klagten die Engels, mal der Computer-Mann.

Ein Dutzend Prozesse liefen an. Meistens gewannen die Engels. Von Anfang an roch es nach Gewalt. Ein für den Verlauf des Krieges eher unwichtiges Scharmützel verdeutlicht eine Atmosphäre, die sich immer mehr aufzuladen begann: Da wird, nach 5jährigem Rechtsstreit, der Computer-Experte verurteilt, „bei Vermeidung eines Ordnungsgeldes bis zu 500 000 DM oder Ordnungshaft bis zu zwei Jahren die Behauptung zu unterlassen, der Kläger (Herr Engel) habe im Mai 1983 einen hinterhältigen Anschlag auf den Beklagten mittels eines 7 kg schweren Steins verübt."

Froh wurden die Engels ihrer Erfolge vor Gericht nicht. Im Rückblick kommt es Frau Engel eher vor, als hätten sie damals die Büchse der Pandora geöffnet.

„Einen Eimer voll stinkendem Fleisch hat der uns auf die Terrasse gehängt. Da krochen schon die Maden drin rum." Es schüttelt sie heute noch vor Ekel, wenn sie daran denkt. Das Ordnungsamt verbot den Aas-Angriff.

Der Höhepunkt aber kam erst noch. Herr Engel muß tief Luft holen.

„Eines Abends, wir waren gerade zu Bett gegangen, hörten wir in unserem Schlafzimmer laute Musik. Sie schien direkt aus der Wand zu kommen. Unsere Schlafzimmer, auch die unserer Kinder, liegen zur Nachbarswand hin. Unerträglich laute Musik. Dann hörten wir Nachrichten. Dann kam ein englischer Sender mit Jazzmusik. Wir haben die ganze Nacht kein Auge zugemacht."

Herr Engel redet weiterhin in ruhigem Ton. Aber seine Stimme vibriert jetzt doch ein ganz klein wenig.

„Nächste Nacht dasselbe. Wir haben an die Wand geklopft, gerufen: nichts. Das hörte man ja nicht. Die Musik war ja so laut. Und, naja, über die Nachrichten konnten wir uns auch informieren."

„Am Anfang hat uns niemand geglaubt", sagt Frau Engel, „wenn man das jemandem erzählte, gab es nur ungläubiges Kopfschütteln. Das würde ja bedeuten, daß der Nachbar auch nicht schlafen kann, hieß es dann, der schneidet sich doch ins eigene Fleisch mit dem Krach, der ist ja auch berufstätig. Auch die Polizei ist nicht gekommen. Wir mußten uns Zeugen holen, die das dann bestätigt haben. Und immer war die Musik auch nicht an. Es war ganz unregelmäßig. Mal war es für ein paar Stunden ruhig. Dann fing sie wieder an. Nachts um vier zum Beispiel. Ich habe alles aufgezeichnet in einem Tagebuch." Frau Engel zeigt uns ihr kleines, eng beschriebenes Quartheft, Datum, Uhrzeit, Anfang und Ende – die schlaflose Bilanz eines musikalischen Opfers.

„Es war der reine Horror", fährt Herr Engel fort. „Tag für Tag, Nacht für Nacht. Wir mußten aus unserem Schlafzimmer ausziehen und auf der Liege im Keller nächtigen, im Hobby-raum. Unsere Tochter ist auch mit in den Keller. Ich habe einen Arzt konsultiert, der feststellte, daß ich stark erholungsbe-dürftig sei. Das hörte nicht auf. Das ging weiter, wochenlang, monatelang. Auch im Keller konnte man nicht richtig schlafen, die Bässe hörte man überall durch. Von Juli bis Oktober war unsere Brandwand zum Nachbarn eine einzige Schallmauer."

„Bis wir in unserer Not nicht mehr weiter wußten", sagt Frau Engel und kramt in einem Stapel Fotos, „und einen Handwerker geholt haben. Der hat dann, im Beisein unseres Anwalts, die Wand im Schlafzimmer aufgemeißelt. Und nach etwa 20 Zentimeter Tiefe sagte dieser Mann: Das darf doch nicht wahr sein. Da war er nämlich plötzlich auf einen Hohlraum gestoßen."

Frau Engel zeigt uns das Foto. Es sieht nicht sehr interessant aus. Ein Loch in der Wand. Im Vordergrund groß eine Tageszeitung, auf der man Wochentag und Datum lesen kann, es wirkt ein bißchen wie diese schrecklichen Fotos von Entführten. Im Schutt des Mauerdurchbruchs sieht man die Ecke von einem braunen Kasten hervorlugen.

„Da trat das Unfaßbare zu Tage." Herr Engel sucht jetzt nach dramatischen Wendungen, nach Worten der Wut, der Verzweiflung, aber irgendwie: Sie gelingen ihm nicht, es verpufft alles. Und so läßt er den Theaterdonner und fügt ganz nüchtern hinzu: „Das Radio."

Vor Gericht wurden dann die Einzelheiten sortiert. Der Nachbar, in Elektronik bewandert, hatte ein leistungsstarkes Radiogerät in die Wand gemauert, mit dem Lautsprecher in Richtung Feind, präzise in Ohrhöhe des Engelschen Doppelbetts. Zur optimalen Entfaltung des Phon-Anschlags, und um sich selbst vor unerwünschten Nachtkonzerten zu bewahren, hatte er die Anlage zu seiner Seite hin fachmännisch mit Dämmplatten verschalt. Er konnte das Radio nach Belieben aufdrehen und aus dem Haus gehen, oder, selbst bei Dauerbetrieb unter Vollast, sanft entschlummern. Was Kreativität, Aufwand und Ausführung betrifft: ein Spitzenprodukt im Waffengang zwischen Nachbarn.

Das Gericht sah das ähnlich und setzte, für seine Verhältnisse, hoch an: 5600 Mark Geldstrafe für den Täter, wegen Körperverletzung. Die zivilrechtliche Seite – Schmerzensgeld, Kostenerstattung usw. – steht noch aus. Natürlich ist der Verurteilte in Berufung gegangen und hat Gegenanzeige gestellt: wegen Diebstahl des Radios, Einbruch und Sachbeschädigung.

Im Abnutzungskrieg mit den Nachbarn haben Engels Federn gelassen. Sie reden nur noch apathisch, mit blicklosem Schrecken über diesen nicht endenwollenden Zerfallsprozeß in Gift und Gegengift. Den siebenjährigen Krieg haben sie hinter sich, den dreißigjährigen – so schwant ihnen – womöglich vor sich.

Der Nachbar, ein bizarrer, unkonventioneller Feind, ein Spezialist für Nerven, zäh, baut sich auf im Kampf. Nicht auszudenken, was der sich noch ausdenken wird. Solche Aussicht lähmt. Da nützt auch die herrlichste Wohnlage nichts.

„Das ist wie eine Krankheit", sagt Frau Engel und schaut geradewegs an die Wand. „Mit der muß man leben. Man kann sich ja deswegen nicht das Leben nehmen."

„Jeder Mensch hat sein Los zu tragen." Herr Engel sagt es mit schwerer Stimme. „Die einen hinsichtlich Krankheit und Beruf. Wir haben unseren Nachbarn."

Er steht mitten in seinem Wohnzimmer, das vollgestopft ist mit antiken Möbeln und Kronleuchtern, und seine Hände umklammern die Lehne eines schön geschnitzten Stuhls so fest, daß die Knöchel weiß hervortreten.

Alarm, der Nachbar kommt

Ein Doppelhaus mit zwei Eingängen nebeneinander. Man will wissen, wer kommt, wer geht. Familie A. hat einen soliden Lkw-Außenspiegel vors Fenster montiert. Durch diesen Spion hat sie alles im Blick. Das ist erlaubt.

Familie B. vertraut mehr auf Technik und hat eine Alarmanlage installiert, die mit Infrarot arbeitet, und Ankömmlinge vor beiden Hauseingängen per Signalton, der nur in der Wohnung der B.s hörbar wird, meldet. Das darf Familie B. nicht, bzw. nur zeitweise.

Denn Familie A. wird, wie das Gericht bestätigte, „rund um die Uhr und auf Schritt und Tritt" kontrolliert, und das ist ein ungerechtfertigter Eingriff in die Privatsphäre. Familie B. wird auferlegt, die Alarmanlage nur von Sonnenuntergang bis 7 Uhr morgens zu betreiben. (OLG Hamm, Az.: 15 W 292/89.)

Das Gericht gibt zu bedenken, daß nächtliche Besucher von A. piependerweise die Nachtruhe von B. stören könnten. Es enthält sich der weiteren Beurteilung. Es vermeidet das Wort Neugier.

Schaun mer mal

Keinen Sinn für den Reiz der Technik bewies das Landgericht Berlin, das einem Nachbarn die Überwachung seines Kontrahenten per Videokamera („mit Zoom-Objektiv") verbot.

Er habe die Anlage zu reinen Kontrollzwecken und aus Sicherheitsgründen für seine Familie installiert, argumentierte der Beklagte, auch, um möglicher „Übergriffe" seines Feindes ansichtig zu werden, ohne dafür aus dem Fenster schauen zu müssen. Daß Technik solcherart das Leben leichter mache, stieß beim Gericht auf taube Ohren.

„Genau dieses Ziel (der Kontrolle) ist erreichbar, wenn kontrollierende Familienmitglieder unmittelbar aus dem Fenster schauen. Somit ist nicht ersichtlich, weshalb die Kamera zur Beobachtung überhaupt nötig ist, da es in jedem Fall einer Kontrollperson bedarf. Ob diese auf den Monitor oder aus dem Fenster schaut, bringt für den Beklagten keinerlei Vorteile. Sie haben auch kein berechtigtes Interesse darlegen können, weshalb der Blick auf den Bildschirm dem Blick aus dem Fenster vorzuziehen ist. Eine sichtbare Kontrollperson im Fenster dürfte auch grundsätzlich besser geeignet sein, ‚Übergriffe' des Klägers zu verhindern." (LG Berlin, Az.: 8 O 197/85.)

Am Dampfen

Berlin. Zu einer anrüchigen Tat kam es im Villenviertel Frohnau. Möbelhändler W. ließ regelmäßig seine zwei ausgewachsenen Doggen ihr Geschäft direkt am Gartentor von Nachbar Dr. M. verrichten. Der griff zur Schaufel und schmiß das Zeug auf Nachbars Grundstück. Es begann eine Serie von gegenseitigen Anzeigen und Klagen. Fünfmal wies das Gericht den Streit wegen Geringfügigkeit ab. Die Sache eskalierte. Der Höhepunkt war erreicht, als Dr. M. eines Morgens sein Auto besteigen wollte und in Exkremente griff. Der Autotürgriff war mit Hundekot beschmiert. Am Straßenrand stand feixend Nachbar W. Wutentbrannt beförderte Dr. M. nun die stinkende Masse auf dessen Auto. W.s Anwalt vor Gericht: „Der Hundekot glitt an den Türscheiben herunter und drang hierbei auch in das Innere der beiden Fahrzeugtüren." Der Doggenbesitzer bestreitet die vorangegangene Tat. Fazit: Dr. M. muß zahlen, Reinigungs- und Prozeßkosten.

Kapitel 10

Im Netz des eigenen Wahns

Ich hab' ja die Beweise

Auf unsere Zeitungsanzeige, mit der wir verfeindete Nachbarn für einen Fernsehfilm suchten, hat sich auch Frau Dr. W. gemeldet. Sie hat dauernd Krach mit den Nachbarn. Sie wird von denen regelrecht gequält. Am Telefon sagte sie: „Sie können sich das nicht vorstellen. Ich bitte Sie herzlich: Kommen Sie zu mir und schauen Sie sich das an."

Frau Dr. W. wohnt in Hanau, in einem Hochhaus, zwölfter Stock. Die Glastür am Eingang ist zersplittert, die Briefkästen sind alle aufgebrochen. Als sie die Wohnungstür öffnet, schaut sie in die leeren Flure nach links und rechts, sagt aber nichts, sondern winkt uns hastig herein. An der Tür hat sie drei massive Riegel, die sie alle betätigt.

„Uff", sagt sie, „geschafft! Die wissen genau, daß Sie jetzt da sind. Die überwachen jeden meiner Schritte."

Ihr Appartement ist klein, aber gemütlich eingerichtet. Eine schöne alte Eßgarnitur mit Lehnstühlen und ein großes, mit glänzendem Chintz bezogenes Sofa. Zum Sitzen wird es offensichtlich nicht benutzt, es sitzen dort nämlich schon an die vierzig Puppen, dicht gedrängt, in allen Größen. Sogar auf Rücken- und Armlehnen sitzen sie und schauen stumm und lächeln. Und Bücher gibt es, Hunderte von Büchern, alte in Leder gebundene Ausgaben, Fachliteratur.

Frau Dr. W. ist Fachärztin, Anästhesistin. Bis vor kurzem hat sie in einer Gruppenpraxis gearbeitet, aber dann lief der Laden irgendwie nicht mehr und sie ging weg. Frau Dr. W. ist Rumäniendeutsche, vor drei Jahren ist sie nach Deutschland gekommen.

Sie lebt allein.

Frau Dr. W. ist eine füllige Frau um die vierzig mit langen blonden Haaren. Sie spricht ein exzellentes Deutsch, mit leicht singendem Tonfall. Sie hat sich auf unseren Besuch vorbereitet; sie trägt ein goldfarbenes Seidenkleid mit Rüschen und bauschigem Rock, auf dem Tisch steht zierliches Porzellan und eine Platte mit fetten Tortenstücken. Der Kaffee ist stark und süß.

Vor einem Jahr begann es. Nachts. Klopfen, Hämmern, Schläge an der Wand. Ein unerträglicher Lärm. Sie ist zum Hausmeister gegangen. Der ist Jugoslawe und hat nur gegrinst.

„Wissen Sie", sagt Frau Dr. W., „links und rechts neben mir wohnen nur jugoslawische Familien. Die halten zusammen."

Also Lärmbelästigung. Warum machen die das?

„Ich habe da lange darüber nachgedacht", sagt sie zögernd, „ich habe mich eigentlich gut mit allen verstanden. Besonders mit den Frauen. Wir haben uns gegrüßt, miteinander geschwatzt. Wir haben uns sogar gegenseitig besucht. Die links nebenan, sie ist eine Deutsche, war sogar eine richtige Freundin von mir. Bis ihr Mann ihr eines Tages verboten hat, mit mir zu verkehren. Vielleicht, weil ich aus Rumänien bin, ich weiß es nicht."

Mit dem Abbruch der Beziehungen fing der Lärmterror an. Erst nur nachts. Meistens Klopfen an die Wand, dann auch dumpfe Schläge, als ob etwas umfällt.

„Manchmal hat der Boden vibriert", erinnert sich Frau Dr. W., „ich konnte keine Nacht mehr durchschlafen. Erst habe ich gedacht, die arbeiten da irgendwas, Schwarzarbeit, eine Werkstatt oder irgendwas mit Sägen. Ich habe es nämlich auch sägen gehört, direkt an meiner Schlafzimmerwand."

Frau Dr. W. ißt selber keine Torte. Aber mit großer, in diesem Land nahezu unbekannter Gastfreundschaft nötigt sie uns sanft, aber bestimmt, zum Essen, sie schaufelt uns ein Stück nach dem anderen auf die Teller und schüttet unentwegt Kaffee nach.

Der Lärm hörte nicht auf. Er nahm zu. Bis sich Frau Dr. W. eines Tages ein Herz faßte und den Nachbarn zur Rede stellte.

„Und wissen Sie, was der sagte?" Frau Dr. W. hat es noch heute im Ohr, die Frechheit von dem jungen Kerl. „‚Ich weiß gar
nicht, wovon Sie reden.' Stand da, zuckte die Achseln und sagte: ‚Keine Ahnung, was Sie wollen!' Da wußte ich", sagt Frau
Dr. W., „daß sie es auf mich abgesehen haben. Ganz plötzlich
kam mir der Gedanke, die wollen dich hier raushaben."

Die?

„Es sind mehrere", sagt sie, „ich wollte das anfangs gar nicht
glauben, aber es ist ganz eindeutig so. Das Klopfen kam erst
nur von der Wohnung links. Kurz darauf begann es aber auch,
von der anderen Seite zu klopfen. Und jetzt nicht nur nachts,
sondern auch in den frühen Morgenstunden. Und dann tagsüber. Unaufhörlich haben sie an die Wand geschlagen. Auch
heute, auch vorhin noch. Jetzt, wo sie wissen, daß Sie da sind,
verhalten sie sich ruhig. Sie sind schlau."

Es haben sich mehrere Nachbarn gegen Sie verbündet?

Frau Dr. W. schaut uns fest in die Augen.

„Ich weiß, es klingt seltsam", sagt sie, „aber es gibt keine andere Erklärung. Die kennen sich alle untereinander auf dem
Stockwerk, die wohnen ja in ganzen Horden zusammen. Ich
habe es mehrfach erlebt: Wenn ich zum Fahrstuhl gegangen
bin, haben da die Männer gestanden und die Köpfe zusammen-
gesteckt und getuschelt. Und als ich an ihnen vorbeigegangen
bin, haben sie aufgehört und mich angestarrt. Sie haben sich
untereinander abgesprochen. Denn schließlich kommt der
Lärm jetzt von allen Seiten."

Von allen Seiten?

Frau Dr. W. verschüttet etwas Kaffee. Es gibt ein paar brau-
ne Flecken auf der weißen, bestickten Leinendecke.

„Ja, auch von oben neuerdings", sagt sie zornig. „Sie haben
auch die italienische Familie über mir auf ihre Seite gezogen.
Gott weiß, was sie denen erzählt haben."

Sie wird jetzt von drei Seiten terrorisiert, das klingt furchtbar. Sie preßt die Lippen zusammen. „Bitte", sagt sie fast drän-
gend, „Sie müssen mir glauben."

Hat sie sich nicht gewehrt?

„Natürlich", sagt sie, „ich habe eine Anwältin eingeschaltet.

Die hat dem Hausbesitzer geschrieben und dem Hausmeister." Frau Dr. W. zeigt uns die Schriftstücke. Es steht alles da, ordentlich aufgelistet, ein fünfseitiges Schreiben, die Anwältin hat sich Mühe gegeben. Sie droht mit Klage, Schadenersatzforderung, sie erwägt den Einsatz von Polizei und Ordnungsamt.

„Das muß sie besonders geärgert haben", sagt Frau Dr. W., „hier im Haus wohnen viele Illegale. Schwarzarbeiter. Die fürchten sich vor der Polizei. Der Hausmeister ist zu mir hereingestürmt und hat mich angebrüllt, was mir denn einfiele, ihm mit der Polizei zu drohen. Da habe ich gesagt: Sorgen Sie dafür, daß der Terror gegen mich aufhört. Da ist er wutschnaubend weg. Aber seitdem", schließt sie bekümmert, „ist es nur noch schlimmer geworden. Ich bin jetzt der Feind Nummer eins im Haus."

Frau Dr. W. steht auf und holt eine Kladde aus dem Regal. „Damit Sie sich eine Vorstellung machen können", sagt sie, „ich habe alles aufgeschrieben. Lesen Sie mal."

Frau Dr. W. hat eine winzige, penible Handschrift, mit altertümlichen Schnörkeln, aber sie schreibt gestochen scharf. Sie hat fast das ganze Heft vollgeschrieben, an die 100 Seiten, eine unglaubliche Buchhaltung der nachbarlichen Lärmangriffe. Mit Datum, Uhrzeit, Dauer und Intensität der Geräusche. 7. 12. steht da zum Beispiel, 22.43 Uhr. – Starkes Rumpeln aus der Wohnung links, 28 Sekunden. Oder, drei Minuten später: lautes Gurgeln im Rohrsystem, ca. 6 Sekunden. Dazwischen immer wieder: dumpfe Schläge, 3 Stunden ununterbrochen, manchmal nächtelang.

Wir sind nun doch erschüttert. Wie kann man so etwas aushalten?

„Ich habe sehr gelitten", sagt Frau Dr. W. still. Sie schaut uns offen an, sie wirkt jetzt wie befreit, als ob eine Last von ihr gefallen sei.

„Ich habe sehr wohl Ihre Skepsis verspürt", sagt sie, „das klingt ja auch alles unglaublich. Meine Anwältin hat sich anfangs ja auch so verhalten. Die hat wahrscheinlich gedacht, ich sehe Gespenster. Aber" – sie lächelt ein wenig traurig dabei – „ich habe ja die Beweise. Ohne Beweise ist man verloren. Und jetzt, wo Sie mir glauben, möchte ich Ihnen den Rest zeigen, ich habe alles Beweismaterial gesammelt."

Frau Dr. W. wuchtet einen großen Karton vom Schrank. Der ist voller Kästchen, Blechbüchsen und Streichholzschachteln. Alle Behältnisse sind beschriftet, in dieser Schrift wie aus einer anderen Zeit.

„Das mit dem Schlagen und Klopfen war erst der Anfang", sagt sie. „Es kommt noch viel, viel schlimmer. Sie haben mir Unrat vor die Tür geschüttet. Exkremente, Geröll, ekelhaften Dreck. Gewölle von Tieren war auch dabei, mit Haaren, verwestes, stinkendes Zeug. Es ist entsetzlich, was ich aushalten mußte." Sie entfernt das Gummiband von einer Streichholzschachtel, öffnet sie und läßt uns einen Blick hineinwerfen.

„Damit Sie sehen, was das für Menschen sind", sagt sie leise. „Was heißt Menschen. Unmenschen sind das."

In der Schachtel liegen drei kleine Steinchen, etwa so groß und so spitz wie Katzenzähne.

„Das", sagt Frau Dr. W., „haben mir meine Nachbarn vor die Tür gekippt. Sehen Sie sich die Schweinerei nur an. Ich habe dieses Geröll mit eigener Hand von meiner Fußmatte geklaubt."

Wir schauen entsetzt.

„Das ist noch nicht alles", sagt Frau Dr. W., und ihre Hände fliegen jetzt durch den Karton, sie öffnet eine Schachtel nach der anderen, in großer Hast. Binnen kurzem ist die ganze Kaffeetafel mit Kistchen und Kästchen übersät.

„Hier", sagt sie und hebt ein winziges Büschel Haare in die Höhe. „Direkt vor meiner Tür. Ist das nicht ekelhaft? Und hier", sie zerrt ein kleines Stückchen schwarzer Plastikfolie aus einer Büchse, „von einer Ratte. Schon ganz eingeschrumpelt. Aber ganz eindeutig ein Stück von einer Rattenleiche."

Wir starren sie an. Frau Dr. W. ist jetzt so anders, so erregt, wie auf dem Sprung. Ihr Gesicht hat Farbe bekommen. Sie zeigt uns jetzt alles. Papierschnipsel, tote und schon fast zerkrümelte Fliegen, kleine Staubhäufchen, Zigarettenkippen, Glasscherben – das Ganze könnte man mit einem Besenstrich auf ein einziges Kehrblech fegen.

„Sie wollen mich ersticken", sagt sie, „mit ihrem widerwärtigen Müll. Sie hassen mich. Sie quälen mich unmenschlich." Sie schaut uns eindringlich an, mit großen, aufgerissenen Augen.

„Irgend etwas stimmt mit den Rohren nicht. Und an der Elektrik haben sie auch manipuliert. Es zischt aus den Steckdosen, wenn ich sie anfasse. Ich habe mich schon oft verbrannt an der Hand. Der Hausmeister war mal da und hat das repariert. Angeblich. Seitdem ist es noch schlimmer geworden. Es kommen jetzt große Blitze aus den Steckdosen. Man kann sie überhaupt nicht mehr benutzen. Auf der Toilette gibt es Verpuffungen. Der Jugoslawe hat sich an den Rohrleitungen zu schaffen gemacht. Er kippt da Säure rein. Als ich auf der Toilette saß, habe ich mir das ganze Gesäß verätzt. Ich bin hochgehüpft wie ein Gummiball. Pssst", Frau Dr. W. unterbricht sich, hebt den Kopf und lauscht, „hören Sie was? Nein. Sie halten sich zurück. Noch!"

Wir starren sie immer noch sprachlos an. Wir sind da in etwas hineingeraten.

Frau Dr. W. beugt sich jetzt vor. Sie schaut uns flehentlich an. „Bitte", sagt sie, „Sie müssen mir glauben. Ich habe alles erlebt. Diese ganze Qual. Ich kann das niemandem sonst erzählen. Ich habe das auch meiner Anwältin nicht erzählt. Die hält mich sonst für verrückt. Aber ich bin nicht verrückt! Das ist die Wahrheit. Die wollen mich umbringen. Bitte helfen Sie mir."

Wir schauen sie beklommen an. Was macht man in so einer Situation. Krankenwagen, Notarzt?

Ist sie in ärztlicher Behandlung?

„Nein", sagt Frau Dr. W. „Warum? Ich bin ja selber Ärztin, das wissen Sie doch."

Sie springt plötzlich auf. Sie lauscht. Sie lächelt. „Da", sagt sie, „haben Sie es gehört? Jetzt! Jetzt wieder! Moment, das muß ich aufnehmen."

Sie rast zum Regal, nimmt ein Kassettengerät, das dort bereitsteht, drückt auf die Aufnahmetaste, hält es hoch in die Luft und nimmt die Stille auf.

Sie nickt rhythmisch mit dem Kopf.

„Oben", sagt sie, „die Italiener. Klopfen wieder. Sie denken, der Besuch ist weg. Jetzt können sie wieder loslegen."

Sie schaut uns strahlend an. Es ist nichts zu hören. Absolut nichts. „Gott sei Dank, daß Sie noch da sind. Jetzt müssen Sie mir einfach glauben. Da! Hören Sie es? Unerträglich. Wie das dröhnt! Ich habe ja alles aufgenommen, das ganze Jahr. Jetzt, wo Sie es mit eigenen Ohren hören, frage ich Sie: kann man hier wirklich leben? Kann man das einem Menschen zumuten?"

Abrupt beendet sie die Aufnahmen und verstaut das Gerät. Im Regal stehen Dutzende von Kassetten. „Jetzt wissen Sie, wie es mir hier ergeht", sagt sie, „was ich alles durchmachen muß. Wie sie mich quälen."

Frau Dr. W. ist plötzlich wieder ganz ruhig. Sie setzt sich und streicht sich das Seidenkleid glatt. Sie ist nachdenklich.

„Wissen Sie, was ich mich manchmal frage? Was habe ich denen bloß getan, daß sie mich so quälen."

Sie sagt das nicht anklagend, sondern ganz sachlich, wie ein vernünftiges Kind, das die Grausamkeiten der Erwachsenen nicht versteht.

„Gott", sagt sie wie aufgewacht, „was bin ich für eine Gastgeberin. Nehmen Sie doch noch ein Stückchen Torte, ich bitte Sie. Noch ein Täßchen Kaffee?"

Lalü Lala

Frankfurt. Als „unseriösen Zeitgenossen" und „Penner", mit dem sich nur schwer auskommen ließ, bezeichneten Nachbarn einen 48jährigen Mitbewohner eines Mietshauses in der Schifferstraße. Der rächte sich und legte Feuer im Haus. Um der Nachbarschaft einen Denkzettel zu verpassen, so die Staatsanwaltschaft, sei der Hotelportier Paul D. in betrunkenem Zustand nachts nach Hause gekommen und habe im Keller gezündelt. Im Treppenhaus habe er geschrien: „Macht euch alle raus! Jetzt stecke ich das Haus an." Anschließend sei er in seine Wohnung gewankt, habe bei offener Zimmertür sein Radio so laut aufgedreht, daß sich Nachbarn bei der Polizei beschwerten. In der Zwischenzeit habe das Feuer im Keller um sich gegriffen, sei im Treppenhaus hochgeschlagen und erst jetzt von den Nachbarn entdeckt worden. Die Feuerwehr mußte mit Sprungtüchern retten, es entstand Sachschaden von einer Viertelmillion Mark.

Einziger Verletzter des Brandes war der Täter selber. Die Feuerwehrmänner bargen ihn im dritten Stock mit lebensgefährlicher Rauchvergiftung.

Das Gericht verurteilte den Brandstifter zu einem Jahr und neun Monaten Freiheitsentzug. Als strafmildernd wertete es ein psychologisches Gutachten, das dem Angeklagten eine aus eigener Kraft nicht mehr zu lösende Abwehrhaltung gegen seine Nachbarn bescheinigt. Als ihm seine Umwelt nicht mehr wohlgesonnen war, habe er seine Affektspannungen mit quartalsmäßigem Trinken zu bekämpfen versucht und alle 14 Tage seinen „Brand gelöscht".

„Dich blas' ich um!"

Hofheim. Zu sechs Jahren Haft verurteilte die 22. Große Strafkammer des Frankfurter Landgerichts einen 70 Jahre alten Rentner aus Hofheim. Der Angeklagte hatte am 22. Februar vergangenen Jahres seinen Nachbarn im Streit erschossen. Das Gericht rekonstruierte folgenden Sachverhalt:

Vom Balkon seiner Wohnung beobachtete der Rentner am Tatabend seinen Nachbarn, einen jungen Familienvater, der seinen Pkw vorschriftswidrig auf dem Bürgersteig parkte. Er forderte ihn auf, wegzufahren; es kam zu einer lautstarken Auseinandersetzung, in deren Verlauf der Rentner rief: „Dich blas' ich um!"

Der Rentner, der in der Verhandlung behauptete, der Nachbar seinerseits habe aus dem Handschuhfach des Autos eine Waffe geholt, ergriff aus seiner reichhaltigen Waffensammlung einen scharf geladenen Revolver, stürmte die Treppe hinunter und traf im Hauseingang auf den Nachbarn, der ebenfalls eine Waffe trug, allerdings eine Schreckschußpistole. Er feuerte unverzüglich vier Schüsse ab, drei trafen in Kopf, Brust und Rücken, einer tödlich. Er alarmierte die Polizei und gab Notwehr an.

Eine Notwehrsituation, so das Gericht nach dreiwöchiger Verhandlung, sei nicht erwiesen. Zwar habe sich der Angeklagte durch den Nachbarn bedroht fühlen können, doch habe er nicht die Möglichkeiten der „Schutzwehr" gesucht, sondern den Streit selbst unter Waffenandrohung provoziert und tatsächlich sofort zur scharfen Waffe gegriffen. In den Augen der Verteidigung steht das Urteil „auf wackligen Füßen", sie sieht darin „eine Einladung nach Karlsruhe" und will in Revision gehen.

Nach Aussagen von Nachbarn ist der Rentner in Hofheim bekannt als „Denunziant" und „Blockwartnatur", der sich dauernd als selbsternannter Hüter von Recht und Ordnung aufspielte. Neben ständigen verbalen Belästigungen seiner Mitmenschen sei das Anzeigen von Falschparkern sein Lieblingssport gewesen. Während der Bluttat, so das Gerichtsprotokoll, hatte die schwerhörige Frau des Angeklagten vor dem Fernseher gesessen und „Tatort" geschaut.

Tödlich

Neuhaus/Schliersee. Zum Revolver griff der im Ort nur als „streitsüchtiger Prozeßhansel" bekannte Finanzmakler Rainer B. Bürgermeister Adalbert L.: „Der hat mit allen gestritten, die Liste der Verfahren, die wir wegen Herrn B. durchführen mußten, ist ellenlang." Ähnliches bestätigen die Nachbarn. „Es war die Hölle auf Erden. Jede Woche quoll der Briefkasten über von Anzeigen und Gerichtsschreiben", erklärte ein neben B. wohnender Anlieger. Immer ging es um Kleinigkeiten. Mal störte der Fliederbusch, mal war die Einfahrt zugeparkt, mal feierten die Nachbarn zu laut. Herr B. legte sich mit jedem an. Im Laufe von acht Jahren brachte er es auf 170 Anzeigen und 150 Nachbarschaftsprozesse. Der Dauerkrieg verschlang sein gesamtes Vermögen. 450 000 Mark zahlte Rainer B. an Anwalts- und Gerichtskosten. Vor dem geschäftlichen Ruin stehend, von der Steuerfahndung verfolgt, sah er nur noch einen Ausweg: er erschoß seine Frau, seinen Sohn und schließlich sich selbst.

Kapitel 11

Die Wohnung: eine Quelle des Verbrechens

Schuhe im Hausflur – amtlich

Erschöpfend und mit großer Hingabe beschäftigte sich das Oberlandesgericht Hamm mit der zentralen Frage: Schuhe im Hausflur. Darf das sein?

Ein Wohnungsbesitzer wollte sich vom Mehrheitsbeschluß der Eigentümerversammlung nicht überfahren lassen und drängte das Gericht zur folgenden erschütternden Klärung:

„Das zeitweilige Abstellen von Schuhen im Flur auf der Fußmatte bei schlechter Witterung ist weit verbreitet und als üblich anzusehen. Es hat seinen einleuchtenden Grund in dem Bestreben, Verschmutzungen der Wohnung zu vermeiden. Wer eine Wohnung betreten will, wird Schuhe, die in dieser Weise abgestellt sind, regelmäßig bemerken, weil er seinen Blick auf den Eingangsbereich richtet.

Wer eine Wohnung nicht betreten will, wird sich der Fußmatte in aller Regel nicht nähern und durch die darauf abgestellten Schuhe somit auch nicht gefährdet werden. Bei einem Erlöschen der Treppenhausbeleuchtung in der Dunkelheit mag das anders sein; indessen kann und muß von demjenigen, der in der Dunkelheit ein unbeleuchtetes Treppenhaus begeht und sich einem Wohnungseingang nähert, ohnehin erhöhte Aufmerksamkeit erwartet werden, die ihn auch in diesem Falle davor bewahren wird, über abgestellte Schuhe zu Fall zu kommen.

Zwar wird sich nicht mit letzter Sicherheit ausschließen lassen, daß ein unaufmerksamer Treppenhausbenutzer über abgestellte Schuhe zu Fall kommt und Verletzungen erleiden kann. Indessen gebietet es die Versicherungspflicht nicht, einen gewissen Zustand völliger Gefahrenfreiheit zu schaffen. Vielmehr genügen Vorkehrungen gegen Gefahren, die nach Lage der Dinge nicht völlig fern liegen und gegen die sich der Verkehrsteilnehmer nicht durch die von jedermann zu erwartende Sorgfalt schützen kann." (Az.: 15 W 168. 179/88.)

Es spricht die Wissenschaft

„Die Nachbarschaft ist meist eine zufällige Beziehung. Dadurch geraten manchmal Menschen aneinander, die wie Feuer und Wasser sind."

Das hat Diplompsychologe Dr. Arnd Stein in wissenschaftlichen Untersuchungen festgestellt.

Dr. Stein hat noch tiefer gebohrt und drei, häufig unbewußte, Motive ausgemacht, die im Nachbarschaftskrieg eine Rolle spielen:

Frust: Ärger, der sich eigentlich gegen den Chef oder Ehepartner richtet, findet beim Nachbarn ein Ventil.

Neid: Der Nachbar ist jung und dynamisch, hat den besseren Posten, die hübschere Frau, das größere Auto. Er erzeugt dadurch Neid, der mit nachbarschaftlicher Schikane kompensiert wird.

Streß: Gerade in Ballungsgebieten und Hochhaussiedlungen, wo sich räumliche Enge mit Anonymität paart, sind die Bewohner ständigem Streß ausgesetzt. Da können harmlose Störungen bereits Aggressionen auslösen.

Ich will meine Musik laut hören, sonst nützt es ja nix

Tonbandprotokoll: *Frau Dollhausen und Sohn.*
Ort: Eine 2-Zimmer-Wohnung in einem Mietshaus in Kassel, Parterre.
Anwesend: Interviewer, Fr. Dollhausen, Sohn Harald (18 Jahre), 4 dickleibige Aktenordner.
Frage: Frau Dollhausen, halten Sie sich für eine ruhige Mieterin?

Frau Dollhausen: Ich denke doch.

Frage: Aber es gibt Leute, die sind nicht dieser Meinung.

Frau Dollhausen: Ja, davon bin ich überzeugt.

Frage: Und wo sind diese Leute?

Frau Dollhausen: Die wohnen unmittelbar hier im Haus, über mir.

Frage: Was ist denn da passiert, können Sie mir das einmal erzählen?

Frau Dollhausen: Die ganze Story fing 1988 an, vier Wochen nach unserem Einzug, und hat sich bis heute hingezogen, verstärkt natürlich im Ausmaß, bis hin zu Ordnungswidrigkeiten, Körperverletzung gegen meinen Sohn, und im Moment gegen mich wegen Lärmbelästigung.

Frage: Was heißt Lärmbelästigung?

Harald: Die beschweren sich, daß ich meine Musik zu laut habe. Also, ich finde, sie ist nicht zu laut. Ich finde, das Haus ist zu hellhörig.

Frage: Was hörst du so für Musik?

Harald: Naja, so Heavy Metal eben...

Frage: Hörst du nachts?

Harald: Nein, ich halte mich an die Ruhezeiten. Von 13.00 bis 15.00 Uhr höre ich nicht, und ab 22.00 Uhr auch nicht.

Frage: Und trotzdem gab es Protest von Nachbarn?

Frau Dollhausen: Ja. Der Protest der Nachbarn hat sich schwerpunktmäßig eben mit Musik bemerkbar gemacht, und zwar insofern: sie fühlten sich gestört durch Haralds Musik. Anfangs allgemein durch Musik und durch Aufsuchen der Polizei uns gegenüber, bis heute eben, und dann schwerpunktmäßig Stereo. Was heute eben ist beim Harald.

Frage: Damit ich das jetzt richtig verstehe, die Polizei ist gekommen?

Frau Dollhausen: Ja, und zwar mit der Aufforderung, wir möchten die Musik leiser stellen. Und Anzeigen kamen ins Haus.

Frage: Wie viele?

Frau Dollhausen: Bisweilen sind es acht Stück. Die neunte steht noch aus. Immer wegen derselben Geschichte.

Frage: Haben Sie einmal versucht, mit den Nachbarn, so auf normalem Weg, das zu regeln?

Frau Dollhausen: Ich hab's also zwei-, dreimal versucht, in Form von einem Gespräch. Das heißt also ergo: ich habe mich faktisch gegen meinen Sohn verhalten. Weil der hört ja die Musik. Aber dann habe ich eben gemerkt, daß die Oberwasser bekommen haben, d. h. Anzeigen und so, und irgendwann sagt man: nein. Man will sich nicht kleinkriegen lassen. Und man gibt die Hoffnung auf, wieder im guten zu sprechen oder zu verhandeln.

Harald: Mit denen kannste nicht reden, Mutter.

Frau Dollhausen: Ja, und dann hieß es auch, daß mein Sohnemann – das war am 1. 7. 89 – nachts um 3.00 Uhr total laute Musik gemacht hätte. Er war angeblich zu. Er ist ja drogenabhängig.

Frage: Wie bitte?

Frau Dollhausen: Das haben die einfach behauptet. Ich war ja nicht da in der Woche. Aber ich hab' mich erkundigt. Also, es gab hier im Haus Mitteilungen von anderen Mietern, daß es eben nicht 3.00 Uhr war, sondern 0.30 Uhr, also nach Mitternacht, und daß sich die Leute nicht durch Haralds Musik, sondern durch das Gekreische und Geschimpfe von dem besagten Mitbewohner gestört gefühlt hatten, und zwar in der Form, mach Deine Musik leiser, im Hochhaus gegenüber gehen die Lichter an.

Frage: Also das war jetzt doch nachts?

Frau Dollhausen: Ja, ja, das ist eben mal passiert. Ich war ja nicht da. Sie müssen auch mich verstehen als Mutter, man hat dann ja doch gemischte Gefühle, wegen der Erziehung und wegen der Akustik. Okay, ich hab' gesagt, mein Sohn wird sich bei Ihnen entschuldigen für eben diesen Vorfall. Wobei ich dann zur Antwort bekam: dem muß man's mal zeigen, das nächste Mal schlag' ich ihn krankenhausreif, und damit begann dann wieder die Story. Das heißt eben: Körperverletzung, eben Andichten, Ordnungswidrigkeit.

Frage: Also mit der Körperverletzung, das hab' ich jetzt noch nicht verstanden, was war da im einzelnen?

Frau Dollhausen: Im einzelnen?

Frage: Ja, was da vorgefallen ist, was da überhaupt gelaufen ist.

Harald: Ich hab' ganz einfach die Musik angemacht. Es war so halb zwölf. Und auf einmal ist die Sicherung herausgedreht worden.

Frage: Bitte?

Harald: Ja, ich hab' Musik gehört, und dann kam nichts mehr. Ich hab' mir schon gedacht, daß dies wieder der Nachbar von oben ist, weil er schon einmal die Sicherung herausgedreht hat. Ich also runter zum Keller und wollte die Sicherung wieder hereindrehen, da kam er mir auf der Kellertreppe entgegen. Und da habe ich gemeint zu ihm, was das soll, daß er schon wieder die Sicherung herausdreht und habe ihn halt aufgefordert, die wieder hereinzudrehen. Und da hat er nur gesagt: hau ab in deine Wohnung und mach die Musik leiser. Und dann hat er mich weggestoßen, aus der Tür heraus. Ich bin zurückgeflogen und habe mich aus Reflex bei ihm festgehalten. Und da hat er wahrscheinlich gedacht, ich wollte zuschlagen, und da kam es dann zu einer kleinen Rangelei an der Treppe. Ich habe eigentlich gar nicht geschlagen, aber er hat halt versucht, mich immer in den Schwitzkasten zu nehmen, ich hab' versucht, mich rauszudrehen.

Frage: Und das nachts?

Harald: Nein, es war halb zwölf mittags.

Frage: Moment mal, um halb zwölf mittags?

Harald: Das ist es doch. Das ist dem völlig schnurz, zu welcher Tageszeit. Die Anzeigen, die wir bekommen, da steht ja immer die Uhrzeit drauf, wann ich Musik höre. Und das ist nie in den Ruhezeiten gewesen. Deswegen nervt mich das auch so unheimlich. Ich kann meine Musik überhaupt nicht mehr aufdrehen.

Frage: Aufdrehen?

Harald: Ich will meine Musik laut hören. Sonst nützt es ja nix.

Frau Dollhausen: Also akustischhalber, möcht' ich sagen, ist dieses Haus enorm hellhörig, also sämtliche Geräusche sind hörbar, z. B. eben Nasengeschneuze, Stuhlgerücke, oder eben auch wenn man Toilettiern tut, nicht die Wassergeräusche von der Spüle, sondern die Akustik, oder beim Zähneputzen das Gurgeln, das ist ja nicht zu verhindern. Und deshalb können die auch als einziges nur zurückgreifen auf die Musik. Also ich meine: wenn ich alles höre von meinem Nachbarn, eben diese besagten Geräusche oder z. B. auch das Geknackse, wenn man sich auf die Wohnzimmercouch setzt: dann muß ich auch akzeptieren, wenn es akustischhalber nicht nur diese Geräusche sind, sondern eben auch musikalischer Art. Aber diese Familie oben, die duldet keine musikalischen Geräusche, egal, ob sie von mir betrieben werden oder schwerpunktmäßig von meinem Sohn. Alles, was akustischhalber auf Musik hingeht, empfinden die als störend. Aber wir kuschen nicht. Wir möchten auch unsere Musik hören können, und zwar, weil wir uns keiner Schuld bewußt sind. Wir können doch nicht abends um 8.00 Uhr ins Bett gehen, wie die oben. Sie arbeitet ja Schicht. Ist doch ihr Pech, daß der Harald sein Zimmer ausgerechnet unterm Schlafzimmer von denen da oben hat. Ich kann doch meinem Sohn nicht sagen, mach die Musik weg um 8.00 Uhr, nur weil die da oben ihre Ruhe haben wollen.

Frage: Sagen Sie mal, wenn das Haus so irrsinnig hellhörig ist, warum wenden Sie sich nicht an den Hausbesitzer, damit der die Decken isoliert?

Frau Dollhausen: Das nützt nix. Der Hausbesitzer wohnt doch selber im Hinterhof und preßt hier die Mieten raus. Wenn's Ihnen nicht paßt, hat er gesagt, dann ziehen Sie doch aus. Ich habe Herzschmerzen, ich bin eigentlich nervlich am Ende. Aber ich nehme mich zusammen, weil ich weiß, wie schwierig es ist, auf dem freien Wohnungsmarkt eine Wohnung zu bekommen.

Harald: Erzähl ihm das mit deinem Freund.

Frau Dollhausen: Was?

Harald: Du weißt schon.

Frau Dollhausen: Also nee. Gern erzählen tu' ich das eigentlich nicht. Das geht ja in Intimitäten. Also gut. Mein Freund war bei mir, zu einer Uhrzeit, die vertretbar war, das war 18.30 Uhr, zweimal. Und dann haben sie den Harald nach oben zitiert und gesagt, wir hören, wenn deine Mutter mit ihrem neuen Bekannten herumbumst. Ein paar Tage später drauf kam die Anzeige: wegen Bettgeräuschen! Also, das hat mich doch sehr schockiert. Das ist für mich keine Mietgemeinschaft.

Harald: Das ist 'ne Scheißgemeinschaft. Die hören kaum Musik da oben. Und wenn, dann nur so alten Kram.

Frau Dollhausen: Also es ist null. Funkstille sozusagen. Man geht sich permanent aus dem Weg. Ich will rausgehen, geht oben die Tür, bleib' ich drin, warte, bis die durch sind, und umgekehrt ist es dasselbe, oder man trifft sich zufälligerweise an der Lottoannahmestelle. Null, kein Grüßen, nichts. Das ist schon, vom Gemüt her, nicht einfach. Ich kann ja überhaupt keine Bekannten mitbringen, schon geht das Geklopfe oben los. Beim Harald genauso. Im Endeffekt vergrault man die Freunde.

Frage: Was ist denn jetzt aus den Anzeigen geworden?

Frau Dollhausen: Nix. Die Polizisten kennen mich ja schon. Die lachen nur noch. Aber ich lache nicht. Auch die Körperverletzung, Ordnungswidrigkeit et cetera ist weg vom Fenster. Das lief ja über sieben Monate, Rechtsanwaltsschreiben hin und her, aber das ist jetzt vorbei, laut Strafprozeßordnung Paragraph 170, wir haben gewonnen, fallen die Kosten auf den Versicherungsträger und nicht auf die Staatskasse, weil es ja nicht zu einem Prozeß gekommen ist. Die haben einfach gesagt, da ist nichts nachzuweisen.

Frage: Sind Sie in einer Rechtsschutzversicherung?

Frau Dollhausen: Ja. Das heißt: war ich. Aber bedingt durch diese ganzen Anzeigen betreffend Ordnungswidrigkeiten, wegen Körperverletzung angeblich und Lärm und Musik, hat mich die Rechtsschutz, ich sag's mal ganz ehrlich, herausgeschmissen. Einfach gekündigt.

Frage: Also das verstehe ich nicht. Sie sind doch von denen angezeigt worden. Sie haben doch nicht selber angezeigt. Man ist doch in der Rechtsschutz, um gegen solche Fälle geschützt zu sein.

Frau Dollhausen: Richtig. Ich habe die Schwierigkeiten, obwohl wir im Recht sind. Das war denen einfach zuviel. Zu viele Anzeigen. Das haben die oben zumindest erreicht. Ich muß mich jetzt um 'ne neue Rechtsschutzversicherung bemühen. Ist doch klar, die fragen gleich zurück: waren Sie schon mal in der Rechtsschutz, die koppeln sich doch untereinander, und dann heißt es, bla, bla, bla, die hat soundsoviel Anzeigen pro Jahr, und schon heißt es: tut uns leid. Ich habe also jetzt echte Schwierigkeiten, überhaupt noch einen Rechtsschutz zu kriegen.

Frage: Was passiert denn, wenn sich das nicht ändert im Haus?

Frau Dollhausen: Ändern wird sich da wohl überhaupt nichts. Es wird sich wahrscheinlich noch mehr zuspitzen. Ich hab' ja auch das Gefühl, daß es damit zusammenhängt, daß ich eine alleinerziehende Mutter bin. Man zweifelt, betreffend dieser ganzen Vorfälle, manchmal an seiner Erziehung oder am Kind. Aber das ist dann wieder spontan verschwunden, wenn der da oben losbollert. Aber ich glaube, die ganze Sache wäre nicht so verschärft abgelaufen, wenn vielleicht doch ein Mann im Haus wäre. Ich will mich aber auch gegen dieses Bild Alleinerziehende zur Wehr setzen. Wie ich den Harald erziehe, das ist bestimmt das Richtige. Ich sag' mir schon vom Intellekt her, nein, du kannst hier so nicht weiterwohnen. Meine Absicht ist, halt nicht aufzugeben, selbst wenn ich ausziehen muß. Für mich ist Priorität Nr. 1, der Friede, meine Nerven. Dieser Psychoterror, das geht irgendwann einmal bis hier und nicht weiter. Ich will Guten Tag sagen, ich will freundlich sein, ich will nett sein. Es kann der Beste nicht in Frieden leben, wenn bla, bla, bla. Das Wort Frieden! Den Frieden habe ich nicht hier gefunden. Im Gegenteil. Das Gegenteil habe ich hier gefunden.

Harald: Wir haben ja nur die Nachbarn. Mehr gibt's ja nicht.

Fliegendreck

Das Wasser rauscht. Wer dem Nachbarn das nächtliche Wannenbad verbieten will, hat nur Chancen, wenn das einlaufende Badewasser mehr als 35 Dezibel Lautstärke verursacht. Bis zu dieser Schallgrenze muß der nachbarliche Reinigungsprozeß hingenommen werden, so das Oberlandesgericht Düsseldorf. (Az.: 9 K 299/65.)

Pflanzen, die von Nachbars Balkon vor das eigene Fenster wachsen und so die Aussicht trüben, müssen entfernt werden, entschied das Bayerische Oberlandesgericht in zweiter Instanz. *Grillen auf dem Balkon*, auch wenn von der Hausmehrheit so beschlossen, muß nicht hingenommen werden. Das Gericht stellte erhebliche Rauch- und Geruchsbelästigung sowie Brandgefahr fest und verbot die Sache, „selbst wenn Grillen eine weithin beliebte und gebräuchliche Art der Zubereitung von Speisen ist". (LG Düsseldorf, Az.: 25 T 435/90.)

Ein Wasserschaden wurde in der Bernardottstraße in Hamburg-Othmarschen bekannt. Mit Androhung einer Geldbuße (bis zu 500 000 Mark) oder Ordnungshaft (bis zu sechs Monaten) ging Ruth M. gegen ihre Nachbarin, die Sekretärin Astrid K. vor. Grund des Amtsgerichtsbeschlusses (AG Hamburg-Altona, Az.: 314 a C 600/89): tropfendes Blumenwasser.

Frau K. hatte im zweiten Stock ihre Balkonpflanzen gegossen und die darunter liegende Terrasse der Frau N. tropfenweise in Mitleidenschaft gezogen. In einem Wassertagebuch hatte die Klägerin den Schaden penibel festgehalten. Das Kleid einer Besucherin, ein Klappfahrrad und eine Jogginghose seien naß geworden.

Obwohl in der Hauptverhandlung durch Amtsrichter Faull die offiziellen Gießzeiten jetzt festgesetzt wurden – morgens vor sieben Uhr, abends nach 22.30 Uhr –, verzichtete die Beklagte fortan aufs Gießen. Sie hat die Pflanzen abgeschafft.

„Es liegt in der *Natur der Sache*, daß gerade Kinder dieses Alters (8 und 12 Jahre) unruhiger, lebendiger und lauter sind. Sie können auch nicht begreifen, daß ihre Ausgelassenheit von anderen Mitbewohnern als Ärgernis empfunden wird. Auch für die Eltern ist es sehr schwierig, kindliche Entgleisungen zu vereiteln. Das bisher erwiesene Fehlverhalten der Kinder rechtfertigt aber eine Mietaufhebung noch nicht." (LG Lübeck, Az.: 6 S 354/83.)

Günther Pfau, Hausverwalter in Hamburg: „Eine unserer

Mieterinnen hat einen Nachbarn verklagt, der ihr zu laut schnarchte."

Hermann Boekholt, jetzt Sprecher der SAGA, die 95 000 Wohnungen verwaltet: „Die Mieter sind aggressiver geworden. Bedrohungen und Prügeleien nehmen zu."

In Berlin erstach ein Student eine über ihm wohnende Frau *wegen zu lauter Musik* und zu lauten Herumlaufens in der Wohnung.

Die Blendung

Offenbach. Vom Balkon der Nachbarwohnung im 11. Stock eines Hochhauses stürzte eines Abends Kater Moppel und überlebte den Fall nicht. Mit der Anschuldigung, er habe das Tier zuerst mit einer Taschenlampe geblendet und dann brutal von der Brüstung gestoßen, verklagte jetzt die Katzenfreundin O. ihren Nachbarn K. Moppel sei ihr durch die offenstehende Wohnungstür entwischt und neugierig auf Nachbars Balkon gesprungen. Dort habe sie dann fassungslos die Untat mitansehen müssen. Frau O.: „Ich will, daß dem Tier Gerechtigkeit widerfährt."

Nachbar K. indes will von alldem nichts wissen. Möglicherweise habe sein Enkel mit der Taschenlampe herumgespielt. Von einem Moppel habe er nichts gesehen. Aussage stand gegen Aussage. Der Staatsanwalt entschied sich für Frau O. und beantragte 1650 Mark Geldstrafe. Begründung: Warum hätte Frau O. ihrem Nachbarn, mit dem sie bis dahin ein gutes Verhältnis hatte, plötzlich etwas am Zeug flicken sollen?

Das Gericht entschied anders und sprach den Angeklagten frei. Begründung: Der Richter konnte sich umgekehrt nicht vorstellen, daß Herr K. „einer solchen Tat fähig ist".

Der Staatsanwalt überlegt, ob er in Berufung gehen soll. Die beiden Nachbarn sind seit Moppels mysteriösem Sturz in die Tiefe einander spinnefeind.

Fischweib

Köln. Weil sie ihre Nachbarn mit stinkender Fischbrühe terrorisierte, ist einer Mieterin zu Recht die Kündigung ausgesprochen worden. Dies bestätigte das Landgericht Köln. Durch Zeugenaussagen wurde nachgewiesen, daß die Mieterin vorsätzlich die Brühe eines mit Hefe eingelegten Herings „Surströmming" verspritzt habe, und dies in mehreren Fällen: am 1. Weihnachtstag im Treppenhaus und auf der Kokosmatte vor der Wohnungstür eines Nachbarn, einige Monate später erneut auf dem Balkon ihres Kontrahenten sowie auf Büschen und Sträuchern im Garten. Zu diesem Zeitpunkt war die Beklagte schon erstmals von der Vermieterin abgemahnt worden. Das Gericht sah es als erwiesen an, „daß die Beklagte vorsätzlich die übelriechende Pökelbrühe verspritzt habe, um die Nachbarn zu ärgern". Die Kündigung sei berechtigt, weil die Mieterin die vertraglichen Verpflichtungen ihres Mietverhältnisses schuldhaft erheblich verletzt habe. Vom unzumutbaren Gestank der Fischpökelbrühe überzeugte sich die Kammer im Selbstversuch, indem sie im Gerichtssaal eine Büchse der Fischkonserve öffnen ließ. (Az.: 1 S 171/83.)

Kapitel 12

Sieger und Besiegte – die Rache ist unser

Anschluß mit Nummer

Eine Frau zog im Streit aus der Wohnung ihrer Freundin aus. Aus Rache setzte sie in die Tageszeitung eine Sex-Anzeige mit der Telefonnummer ihrer neuen Feindin. Hunderte von Anrufern meldeten sich in den ersten zwei Wochen, besonders nachts. Das Oberlandesgericht Koblenz verurteilte die Täterin zu 3000 Mark wegen Verleumdung und zur Zahlung von Schmerzensgeld in Höhe von 5000 Mark. (Az.: 5 U 419/88.)

Juhnke für jedermann

Betrunkene Nachbarn dürfen nicht als Filmschauspieler verwendet werden. Zu Schmerzensgeld verurteilte das Oberlandesgericht Frankfurt einen Videofan, der solches tat: „Der Beklagte hat das Persönlichkeitsrecht des Klägers dadurch verletzt, daß er von diesem ohne dessen Zustimmung heimlich einen Videotonfilm aufgenommen und eine Kopie des Films verbreitet hat. Der Kläger war, als er von dem Nachbarn gefilmt wurde, besonders stark betrunken bzw. volltrunken. Er fiel mehrfach in den Dreck, lachte dabei, sang Lieder und benutzte Kraftausdrücke. Infolge der Volltrunkenheit war der Kläger auch nicht in der Lage, eine rechtsgültige Einwilligung in die Aufnahme zu erteilen. Ihm war infolgedessen auch nicht in voller Tragweite bewußt, daß er aufgenommen wurde, bzw. stand ihm der mit der Aufnahme eventuell verfolgte Zweck, seine Trunkenheit seinem Arbeitgeber zu beweisen, nicht vor Augen. Unter diesen Umständen ist die vorgenommene Aufnahme in ihrem Unrechtsgehalt wie eine heimliche Aufnahme zu betrachten. Daran ändert sich auch dadurch nichts, daß der Kläger in betrunkenem Zustand freudig auf die Mitteilung, er werde nun gefilmt, reagiert und sich der Kamera bewußt präsentiert haben soll."

Als besonders gravierend wertete das Gericht, daß der Filmer sein Werk nicht nur genüßlich Arbeitgeber und Kollegen des Klägers vorführte und ihnen eine Kopie überließ, sondern daß er darüber hinaus den Film auf der Straße, zum Gaudium des Publikums, abspielte. 3000 Mark Schmerzensgeld kostete ihn die öffentliche Peepshow. (Az.: 21 U 164/86.)

Warte, bis es dunkel wird

„Wir stehen", sagt Herr Sachse, „seit Jahren in einer Abwehrschlacht." Und Frau Sachse sekundiert: „Terror, der reinste Terror."

Vor drei Jahren begann es. Bis dahin war alles gut. Aus der Nürnberger Innenstadt waren die Sachses an den Stadtrand gezogen, ins Reihenhaus einer Vorortsiedlung. Der Nachbar, Facharbeiter, ein netter Kerl, fehlt hier mal das Öl, fehlt da mal das Salz, ein kurzer Plausch über den Gartenzaun, das war's auch schon. Man war freundlich, hielt aber auf eine gewisse Distanz.

„Bis der", rätselt Herr Sachse noch heute, „dann irgendwie sozial abgedriftet ist. Beruflich hat's bei dem nicht mehr so richtig geklappt. Er hat sogar mal versucht, uns anzupumpen. Aber da hat er bei mir auf Granit gebissen. Ich vermute, er ist neidisch geworden."

Sachses gehören zu diesem dynamischen Mittelalter, sportlich, gesundheitsbewußt. Man sieht ihnen ihre zwei erwachsenen Kinder nicht an. Sie betreiben eine Drogerie im Nachbarort. Herr Sachse hat sich als Zweitwagen dieses teure zweisitzige Spielzeug von BMW gegönnt. Frau Sachse spielt Tennis, reitet, und ihre Gartenpartys waren der Renner.

Doch das ist lang her. „Den Garten", sagt Frau Sachse, „benutzen wir gar nicht mehr. Das hat der uns gründlich vermiest."

„Anfangs waren das nur Kleinigkeiten", übernimmt Herr Sachse, „so das Übliche. Mal stand er in unserem Kirschbaum und hat die Äste zu seiner Seite abgesägt. Mal hat er den Haselnußstrauch, der deutlich auf unserer Seite steht, halbiert. Wir haben ihn natürlich zur Rede gestellt, da hat er nur gefeixt und gesagt, wir sollten mal ins Gesetzbuch schauen, das wäre alles sein Recht, er hätte sich genau informiert. Wir haben damals noch gewitzelt: daß der überhaupt liest und so. Unternommen haben wir da noch nichts gegen ihn."

„Das war wahrscheinlich der Fehler", vermutet Frau Sachse, „wir hätten gleich hingehen und auch in seinem Garten ganz radikal herumholzen müssen."

Aber, wenn man sie so sieht: man merkt gleich, das ist nicht ihr Stil, sie ist nicht der Typ für so was.

„Als es uns zu bunt wurde", fährt Herr Sachse fort, „haben wir so einen hölzernen Sichtschutz montiert, um uns optisch von ihm abzugrenzen. Bums, kam gleich die Anzeige und ein Vertreter vom Bauamt; der hat erklärt: das wäre ein Schwarzbau und also illegal. Wir mußten das Ding wieder abreißen, einen Bauantrag einreichen und warten bis heute auf die Genehmigung. Na, seit dem Zeitpunkt haben wir natürlich zurückgeschossen."

„Und was das für Arbeit macht", stöhnt Frau Sachse, „hier, schauen Sie mal." Sie klappt einen dicken Aktenordner auf, in dem alles fein säuberlich verzeichnet ist. Briefe vom Anwalt, Gerichtsakten und Fotos, Hunderte von Fotos mit Uhrzeit, Datum, Fallbeschreibung, eine lückenlose Dokumentation der Untaten des Unholds von nebenan.

„Sie müssen ja alles beweisen", sagt Herr Sachse, „ich kenn' ja den Staatsanwalt hier gut, der hat mir das geraten. Alles notieren. Jede Kleinigkeit. Zusätzlich noch eidesstattliche Versicherungen beibringen von Personen, welche nicht mit mir verwandt oder verschwägert sind. Alles wasserdicht machen. So sind wir dann gegen den vorgegangen. Da ist der ganz verrückt geworden."

Frau Sachse liest ein bißchen aus dem Ordner: Beeteinfassung zertrampelt, Maschendrahtzaun zerschnitten, Tischtennisplatte zerkratzt, und immer wieder sägen, schneiden, abrasieren: Hauen und Stechen im Blätterwerk, eine ziemliche Litanei.

„Zwölf Prozesse haben wir gegen den laufen. Vier gewonnen, der Rest steht noch aus. Ein paar gehen ja durch mehrere Instanzen, das dauert Jahre. Sie brauchen einen langen Atem, und den", sagt Frau Sachse fast stolz, „haben wir, da können Sie Gift drauf nehmen."

„Die Polizei rufen nützt gar nichts." Herr Sachse macht sich keine Illusionen. „Die kommen immer nur, schauen sich das an und ziehen dann wieder ab. Nein, nein, Sie müssen gleich in die vollen. Mein Freund, der Staatsanwalt, hat gesagt: Du mußt deinen Anwalt in Stellung bringen wie ein Geschütz. Der muß ballern, ganz massiv. Du mußt deinem Nachbarn an den Geldbeutel gehen, da wo's wehtut, so lange, bis er wirtschaftlich nicht mehr kann."

„Da fing der richtig an zu zappeln. Fing an zu pöbeln. Stand am Zaun und beschimpfte uns unflätig. Richtig primitiv. Einmal war es so, daß er sogar über den Gartenzaun gestiegen ist. Aber ich hatte mir Tränengas besorgt, in der Spraydose. So hab' ich ihn dann weggesprüht."

Der Tag, an dem Herr Sachse am Drücker war. Das war ein Tag. Da floh der Feind und weinte chemisch.

Und sann auf neues Unheil.

„Mal hat er mich abgepaßt, als ich heimkam. Stand da im Dunkeln, als ich in die Garage fuhr, und fing an, auf mich einzuschlagen. Ohne Grund und in angetrunkenem Zustand. Ich bin gleich ins Haus gerannt, meine Fototasche ist dabei zu Bruch gegangen. Seitdem ruf' ich immer zu Hause an, wenn ich vom Geschäft losfahre, und mein Sohn sichert das Gelände und nimmt mich in Empfang. Leider hat die Anzeige nichts ergeben, die Sache ist eingestellt worden wegen angeblich ‚geringer Schuld des Täters'. Da hab' ich gesagt: Man muß wohl erst blutend am Boden liegen, bevor die Gerichte etwas unternehmen. Der Versuch ist offensichtlich frei."

„Verbal", wirft Frau Sachse ein, „war der ja nie stark. Aber Muckis hat er. Sie wissen ja: dumm und stark. Mein Mann ist ja gegen den ein Hänfling."

„Und dann", setzt Herr Sachse fort, und es schwillt ihm die Ader am Hals, „ist er mir an den Lack gegangen. Hat mein Auto zerkratzt, meinen Sportwagen, der war funkelnagelneu. Das war für den so'n Zeichen, daß wir es geschafft haben und er da nicht mithalten konnte. Das hat den maßlos geärgert. Und er wußte ganz genau, daß er da bei mir was treffen würde."

„Aber der Gipfel war die Sache mit der Videokamera", sagt Frau Sachse. „Eines Tages hat er auf seinem Dach eine Videokamera installiert, die auf unseren Garten gerichtet war. Fest installiert. Der hat uns regelrecht observiert. Man muß sich das mal vorstellen. Da saß der unten vor seiner Glotze und hat sich alles angeschaut, was die Kamera da oben aufnahm. Es war wie im Gefängnis oder im Atomkraftwerk. Seitdem ist der Garten für uns endgültig passé. Da haben wir nie mehr gesessen."

„Das Ding haben wir dem aber in den Hals gestoßen", sagt Herr Sachse zufrieden, „lief ganz prima. Durch eine einstweilige Verfügung haben wir ihm – bei Strafe von 500 000 Mark oder einem halben Jahr Haft – die Kamera verbieten lassen. Die Verhandlung erfolgte vor dem Landgericht. Er hat sich das nicht gefallen lassen, ist dann zum Oberlandesgericht gegangen, dort hat er wieder verloren. Wir haben jetzt ein Schmerzensgeld in Höhe von 2000 Mark zugesprochen bekommen. Das schmerzt vor allem ihn! Aber er gibt keine Ruhe, will weiterprozessieren. Soll er nur. Wir gehen da ganz locker mit. Die einzige Sprache, die dieser dumme Mensch versteht, ist Geld. Und da werden wir ihn packen."

„Ich und nachgeben?" sagt Herr Sachse, „so nach dem Motto: der Klügere gibt nach? Ein trauriges Sprichwort, es begründet die Weltherrschaft der Dummen."

Es entsteht eine kleine philosophische Pause. Und dann:

„Unter uns gesagt", bricht es aus Frau Sachse heraus, „der Mann ist ein richtiger Stumpfi. Ein echt primitiver, also wie soll ich das sagen", sie zögert ein wenig, dann sagt sie es doch: „eben ein Prolo."

Ein bißchen herausfordernd schaut sie dabei, fast trotzig. Ganz leise tönt die Internationale. Ein Hauch von Klassenkampf weht über den Gartenzaun ...

Ob Frau Sachse da etwas entgangen ist? Weiß sie denn gar nichts vom Aufstieg der Arbeiterklasse, von der wunderbaren und erstrebenswerten Verwandlung der „Verdammten dieser Erde" in Besitzer bescheidener Eigenheime?

„Ach was", sagt sie, „Arbeiter bleibt Arbeiter."

„Meine Frau weiß, wovon sie redet", scherzt da Herr Sachse mit leichtem Ton, „sie war ja selber mal so eine."

Kleine Gemeinheiten

Mit eingeschlagenen Kupfernägeln wurden vier Birken in einem naturbelassenen Garten am Kölner Stadtrand zum Absterben gebracht. Der Grundstücksbesitzer, der schon mehrfach von Nachbarn wegen grenzüberschreitenden Wildwuchses verklagt worden war, bemerkte den Schaden erst, als es für die Bäume zu spät war.

Opfer eines Scherzes der besonderen Art wurde ein Baumschulenbesitzer im norddeutschen Pinneberg. Weil seine japanischen Kirschblüten alljährlich durch den Ort wehten und ihn „verschmutzten", setzten ihm Unbekannte einen menschlichen Haufen auf die Fußmatte, knüllten Zeitungspapier darüber, zündeten es an und drückten auf den Klingelknopf. Als der Hausherr die Tür öffnete und den Brand bekämpfen wollte, trat er prompt in die Exkremente.

Laute Worte fielen vor dem Amtsgericht Nürnberg, von denen der Ausdruck „Tiermörder" noch der mildeste war. Es stritten zwei ältere Herren um einen toten Hund. Angeklagt war ein pensionierter landwirtschaftlicher Oberrat und jetziger Hausverwalter, den Lieblingspudel des Rentners Erich K. mit einer Wurst vergiftet zu haben. Grund für die Auseinandersetzung war die Gewohnheit des Tieres, auf dem Gehweg vor dem Mietshaus sein Geschäft zu verrichten. Schon mehrfach hatte der Verwalter dem Rentner K. mit Anzeige gedroht. Eines Abends stürzte sich der Hund auf eine unter einem Baum liegende Fleischwurst, verspeiste sie und verendete kurz darauf. Der Tierarzt stellte Vergiftung fest. Zur Rede gestellt, habe sich der Verwalter, so Rentner K., frech und dreist zu seinem

Anschlag bekannt. Vor Gericht erhielt die Sache eine ganz andere Färbung. „Ja ja, ich habe den Hund vergiftet", will der Verwalter zwar gesagt haben, dies aber bloß „abwehrend und wegwerfend", keinesfalls als Eingeständnis.

Da mit letzter Sicherheit dem Oberrat die Tat nicht nachzuweisen war, sprach ihn das Gericht auf Kosten der Staatskasse frei, nicht zuletzt unter dem Hinweis, daß angesichts der sich in letzter Zeit häufenden „Hundehaufen" auch durchaus ein anderer Nachbar aus Wut zum Gift gegriffen haben könnte.

Auf der Mauer, auf der Mauer …

Ein starkes Stück gelangte vor dem Amtsgericht Gießen zur Aufführung. Die Hauptrollen spielten zwei Damen aus dem hessischen Grünberg, deren Grundstücke aneinander grenzen. Bei der Beurteilung des Falles lief der Richter zu literarischer Form auf.

„Im Sommer ereignete sich auf diesen Grundstücken etwas, was nicht alle Tage vorkommt. Während die Klägerin am 23.5. in ihrem Garten lustwandelte, kam sie auch in die Nähe ihrer Gartenmauer, die die beiden Grundstücke voneinander trennt. Als ihr Blick auf die Mauer fiel, bot sich ein ungewöhnliches Bild, da dort menschlicher Kot lag. Um zu klären, was es hiermit für eine Bewandtnis hatte, begab sich die Klägerin zu ihrer Nachbarin, der Beklagten. Diese war der Klägerin gram, da von einigen Birken auf dem Grundstück der Klägerin Samenpartikel auf ihr Grundstück fielen. Auf den Vorfall angesprochen, erklärte die Beklagte der Klägerin mit erfrischender Offenheit: ‚Solange die Scheiße von Ihren Bäumen auf unser Grundstück fällt, so lange kommt meine Scheiße auf Ihre Mauer.'

Die Klägerin reinigte die Mauer mittels eines Wasserstrahls, den sie so handhabte, daß auch der Hof und die Hauswand der Beklagten nicht unbespritzt blieben.

Ob die Beklagte ihre ungewöhnliche Tätigkeit zwischenzeitlich wiederholt hatte, oder ob die Klägerin einfach den richtigen ‚Riecher' hatte, als sie sich am frühen Morgen des 3.6. mit ihrem Mieter und einer Videokamera auf die Lauer legte, ist streitig. Jedenfalls wurde die Beklagte dabei gefilmt, als sie um 5.40 Uhr die Mauer mit Kot bedeckte. Fotos von der Beklagten bei dieser Tätigkeit befinden sich in der Beiakte. Die Beklagte hatte den Kot in einem Eimer mitgebracht. Am 8.6. wurde der Beklagten diese Art der Entsorgung durch einstweilige Verfügung des Amtsgerichts Gießen (Az.: 48 C 1675/89) verboten.

Am 13.6. ließ die Klägerin – nachdem die Beklagte einer entsprechenden Aufforderung nicht nachgekommen war – die Gartenmauer an der fraglichen Stelle durch die Fa. X reinigen und desinfizieren sowie Erde und Pflanzen abtragen. Die Klägerin behauptet, die Beklagte habe vom 23.5. bis 6.6. jeden Tag Kot auf der Mauer abgelegt. Am 9.6. hätten nicht etwa 20 Kothaufen fein säuberlich und trocken nebeneinander auf der Mauer gelegen, vielmehr seien diese je nach dem Zeitpunkt ihrer Auflage und dem Umfang des Regens, der auf sie niederfiel, mit unterschiedlichen Geschwindigkeiten, aber unaufhaltsam die Mauer heruntergeflossen. Dann hätten sie sich als unhygienische Brühe im Gartenbeet verteilt. Die Beklagte behauptet, sie habe ihren Kot nur zwei oder drei Mal auf der Mauer der Klägerin deponiert. Da es damals trocken gewesen sei und ihr Kot kompakt gewesen sei und sie einen normalen Stuhlgang habe, habe sich nur auf der Mauerkrone Kot befunden. Ein Austausch des Erdreichs sei auch wegen der Dungwirkung des Kotes nicht erforderlich gewesen."

Das Gericht verurteilte die Täterin zu Schadensersatz in Höhe von DM 968,40 und begründete: „Die außergewöhnlichen Aktivitäten der Beklagten stellen eine vorsätzliche sittenwidrige Schädigung der Klägerin dar."

In der Geldstrafe enthalten sind auch die Kosten für Videofilm und Fotografien, denn: „Diese Kosten sind genauso zu behandeln wie Detektivkosten, die als erstattungsfähig angesehen werden." (Az.: 48 C 3791/89.)

Vom Kriege

Der Golfkrieg, so der Hamburger Erziehungswissenschaftler und Psychologe Prof. Peter Struck, ist einer der Hauptgründe, daß immer mehr Nachbarn aufeinander losgehen. Er habe Aggressionen freigesetzt, die zu einer akuten Häufung von gerichtlichen Auseinandersetzungen führten. Struck: „Mit Nachbarn muß man lange auskommen, und das oft auf engstem Raum. Dieses Aufeinandergeworfensein birgt ein gewaltiges Konfliktpotential, das vordergründig nicht immer zu verstehen ist."

Nachbarschaftliche Streitigkeiten bekommen nach Meinung des Wissenschaftlers eine schwer zu bremsende Eigendynamik: vom lästigen Geplänkel über ein lustbetontes Hobby zum bedeutendsten Lebensinhalt, der dann schon mal seine Höhepunkte im tätlichen Angriff auf den Feind oder in völliger Verschuldung beider Parteien durch Anwalts- und Prozeßkosten findet.

„Es fällt auf, daß insbesondere Rentner und Pensionäre zu diesen Nachbarschaftskriegen neigen, offenbar deshalb, weil sie die nötige Zeit dafür haben," meint Struck. Der Anlaß des Streits sei in der Regel geringfügig und lächerlich, die Ursachen hingegen meist tiefgreifend. Sie seien vor allem in den Persönlichkeitsstrukturen der Beteiligten begründet. Kompromißfähigkeit und Gesprächsbereitschaft als konfliktlösende Mittel seien bei einem wachsenden Personenkreis unterentwickelt oder gänzlich verschwunden. Aggressionsstau sei die Folge.

Daß so viele Mitbürger ihre Wut über den Nachbarn oft monatelang in sich hineinfressen, hatte, so der Psychologe, zu Beginn des Golfkriegs die Folge, daß plötzlich verstärkt Aggressionen zwischen den Nachbarn ausbrachen, ganz im Sinne vom „Modell-Lernen". Im Straßenverkehr, im Eheleben und auf Schulhöfen sei ähnliches beobachtet worden. Die große Politik diene als schlechtes Vorbild, um die Hemmschwelle für das Ausleben der eigenen Aggressionen herabzusetzen.

Bezeichnend sei, so der Wissenschaftler, daß nur 20 Prozent der Deutschen ihren Nachbarn positiv gegenüberstünden, 60 Prozent dagegen von schlechten Erfahrungen berichten. Auch die Frage, wo am häufigsten gestritten wird, hat Prof. Struck untersucht: am wenigsten dort, wo die Menschen weit auseinander wohnen, in ländlichen Gebieten also. Der Umkehrschluß, daß städtische Ballungsräume den Nachbarschaftsstreit begünstigten, sei dagegen falsch. In Wohnsilos und Trabantenstädten verringere das gemeinsame Schicksal und die Solidarität gegenüber den Wohnungsbaugesellschaften die Bereitschaft zum Streit. Den Hauptkriegsschauplatz ortet der Wissenschaftler in Einzelhausgebieten mit relativ kleinen Grundstücken. Der giftigste Boden ist die klassische Vorortsiedlung mit Bausparverträgen, eigenem Haus und Garten. Hier blühen die Neurosen, hier nährt sich der Krieg der Gartenzwerge.

Struck: „Das geordnete Eigenheimdasein verringert wegen der Kombination von bürgerlichen Wertvorstellungen und finanzieller Knappheit, die der Hauserwerb mit sich gebracht hat, die Frustrationsbereitschaft und begünstigt eine spießige Enge, die aggressiv macht."

Hier eskalieren die Konflikte nach folgendem Modell: „A. leidet unter dem, was B. tut, und B. fühlt sich durch die Empfindlichkeit von A. in seiner Entfaltungsfreiheit beeinträchtigt. So wächst wechselseitig sich hochschaukelnd ein Feindbild heran, das nicht nur zu Haß führt, sondern auch zu der besonderen Sensibilität, sämtliche Lebensäußerungen des Nachbarn wahrzunehmen und aus der Fülle der Details mosaikartig und selbstrechtfertigend das Bild eines Monsters zusammenzubauen."

Wenn sich diese Form der verzerrten Wahrnehmung der Mitmenschen nicht ändere, helfe auch kein Prozeß. Denn, so der Hamburger Psychologe abschließend: „Die eigentlichen Streitgründe bleiben meist auch dann bestehen, wenn der Anlaß vor Gericht geklärt wird, so daß mit einem Urteil kaum ein Konflikt beseitigt wird."

Kapitel 13

Tu keinen Schritt ohne deinen Anwalt

Juristen-Splitter

Der Berliner Rechtsanwalt Ulrich Balz: „Die Leute kloppen sich wie die Kesselflicker."

Der Münchner Anwalt Andrée Wernicke: „Der Feind lauert schon im Treppenhaus. Er wartet nur darauf, daß er es wieder hört, wie der Nachbar geräuschvoll die Heizung aufdreht."

Der Kölner Rechtsanwalt Uwe Hohmann: „Nachbarfehden sind das ekelhafteste Thema, das man sich vorstellen kann."

Schlichter Rolf Dierbach: „Je näher der andere in den persönlichen Bereich rückt, desto schwieriger ist es zu erreichen, daß noch Vernunft obwaltet."

Rolf Jürgen Franke, Anwalt in Berlin: „Viele Klienten entschuldigen sich dauernd, daß sie wegen eines solchen Blödsinns überhaupt zum Anwalt kommen. Aber sie kommen trotzdem."

...wie ich dem die Hosen ausgeräumt habe

Frau Sander-Zülch ist eine feine ältere Dame, ein bißchen der Typ, der in britischen Romanen gern „altes Mädchen" genannt wird. Sie hatte uns am Telefon gesagt, sie habe da „ganz dolle Dinge erlebt, prägnante Sachen". Wir sitzen auf der Terrasse ihres Walmdachbungalows am Rand einer süddeutschen Kleinstadt, Frau Sander-Zülch im gediegenen Edeltrachten-Look. Sechs Prozesse hat sie mit dem Nachbarn laufen. „Das ist sehr praktisch für den, weil er ja selbst vom Fach ist. Der ist Rechtsanwalt und verschafft sich Arbeit, weil er sich vor Gericht immer selbst vertritt."

Als Arbeitsbeschaffungsmaßnahme mißbraucht zu werden, findet Frau Sander-Zülch nicht richtig. „Und alles wegen Kleinkram. Ich hab' ein Geschäft in der Stadt, wo ich umgebaut habe. Der Nachbar hat seine Kanzlei direkt daneben. Da hat er mich angezeigt, weil ich auf seinem Grundstück geparkt habe. Dabei war das nur 'ne halbe Stunde, ich mußte was ausladen für die Handwerker.

Dann haben die Handwerker eine Dachlatte an seine Grundstücksgrenze gelegt, da hat er gleich einen großen Brief geschrieben, er würde das nicht dulden, man möge das entfernen. Später haben wir die Einfahrt gepflastert und sind mit den Steinen knapp fünf Zentimeter über die Grenze gekommen, gleich hat er geklagt. Mußten wir wegmachen lassen.

Er hat alles fotografiert. Als Beweismittel vor Gericht. Mal hat meine Baufirma eine Schubkarre auf seinem Grundstück abgestellt, mal eine Mörtelpfanne. Sogar einen Besen hat er fotografiert, weil der auf seinem Grundstück gelegen ist.

Er hat uns den Gerichtsvollzieher geschickt und den Bau einstellen lassen. Ich mußte die einstweilige Verfügung bezahlen und mich verpflichten, kein Hälmchen von seinem Grundstück zu berühren."

Und Frau Sander-Zülch hat alles klaglos erduldet?

„Na ja, ich hab' dann natürlich auch meinen Rechtsanwalt losgeschickt. Der hat sich ein bißchen umgetan. Mein Nachbar ist ja kein armer Mann, dem gehören ein paar Häuser in der Stadt. Da sind wir dann auch fündig geworden. Mal hat er zwanzig Zentimeter zu tief gebaut, mal eine Durchfahrt notariell eintragen lassen, die es gar nicht gibt. Jetzt haben wir Material gegen ihn in der Hand, das reicht noch mal für sechs Prozesse."

Frau Sander-Zülch sieht hochzufrieden dabei aus. Der Nachbar sitzt offensichtlich im Glashaus. Jetzt wirft Frau Sander-Zülch mit Steinen.

Wie hat denn der Nachbar reagiert?

„Ach, dauernd kommt der mit neuen Fiesitäten. Der patrouilliert ja immer mit seinem Moped auf und ab. Neulich hat er nächtens auf seine Grundstücksgrenze eine Reihe von Betonsäulen gesetzt, ganz krumm und schief, das hat er selbst gemacht, nur um mich zu behindern. Ich habe ihn dann richtig angemauzt und zurechtgewiesen."

Angemauzt, zurechtgewiesen? Ein merkwürdiges Vokabular für einen Nachbarschaftsstreit.

„Ja, ja" sagt sie und hat plötzlich so was Kieselhartes in der Stimme, „der war schon immer so."

Ach, Sie kennt den schon länger?

Frau Sander-Zülch nagt an ihrer Unterlippe und zögert, aber nur kurz. „Klar", sagt sie und schaut ganz zuckersüß, „das ist doch mein Bruder."

Wir fühlen uns nun doch ein bißchen gelinkt. Die ganze Zeit quatscht sie von ihrem Nachbarn. Dabei ist es ihr Bruder.

„Na und", sagt sie leicht aggressiv, „ist doch egal. Selbst wenn's mein Bruder ist, ist doch egal. Wenn er so fies ist..."

Es bricht jetzt aus ihr heraus, und die feine alte Dame löst sich plötzlich in Luft auf:

„Der schwingt sich doch zum Richter auf. Er macht offensichtlich Selbstjustiz. Du wirst schon sehen, was dir blüht, hat er gesagt, du warst so frech. Früher, meint er damit, im Sandkasten. Ich kann mich noch gut daran erinnern, wie ich dem die Hosen ausgeräumt habe als Kind, dem Hosenscheißer."

Auf Frau Sander-Zülchs Vertiko im Wohnzimmer steht eine Sammlung von gerahmten Fotografien, Schnappschüsse, Jugendbilder, Lebende und Verstorbene in trauter Gemeinsamkeit, ein kleiner familiärer Hausaltar.

Unter einem der Fotos ist ein Spruch zu lesen, aus dem Buch der Prediger, Kap 3.

„Alles hat seine Stunde,
und es gibt eine Zeit für jegliche Sache unter der Sonne.
Eine Zeit zu lieben und eine Zeit zu hassen,
eine Zeit zu weinen und eine Zeit zu lachen,
eine Zeit zu klagen und eine Zeit zu tanzen,
eine Zeit zu suchen und eine Zeit zu verlieren."

Es hat eine Zeit gebraucht bei Frau Sander-Zülch. Aber jetzt scheint ihre Stunde gekommen.

Aus dem Amtsleben

München 11.4.1990. Dr. Dieter Hummel ist Direktor des Amtsgerichts Starnberg bei München. Als Richter des Freistaates Bayern verdient er rund 5000 Mark netto.

Zur Zeit befaßt sich der Top-Jurist mit dem „unkontrollierten Wachstum einer Ahornwurzel" und der Höhe eines Jägerzauns. Es stehen auch Verhandlungen an über die Farbe von Pflastersteinen (grau oder rot?) und den Standort eines Betonmischers in einem Doppelhausgarten.

Seine Kollegin Dr. Wiltrud Scherer, Richterin beim Amtsgericht München, leitete kürzlich zwei Sitzungen, in denen es im Nachbarschaftsstreit um einen Geldbetrag von DM 13,24 ging. „Da ist die Soße oft teurer als der Braten", sagt sie.

Die Renner

Das auflagenstärkste Druckerzeugnis der saarländischen Regierung ist die Broschüre „Nachbarrecht im Saarland".

Ebenso in Nordrhein-Westfalen: mit der Auflage von einer Million Exemplaren ist das Informationsheft „Zäune, Pflanzen, Paragraphen" als Ratgeber gegen den grassierenden Nachbarschaftsstreit in Umlauf gebracht worden.

Gebührenfrei

A. leidet unter den überhängenden Apfelbaumästen von B. Er fordert ihn auf, sie abzusägen. B. weigert sich. A. beauftragt den befreundeten Anwalt C., das zu regeln. C. wird schriftlich tätig und setzt B. eine Frist zur Beseitigung der Äste. B. sägt nun doch, und die Sache ist erledigt.

Jetzt will aber C. sein Geld haben für seine anwaltliche Bemühung, und zwar 233 Mark, und zwar von B.

B. weigert sich. C. verklagte B. auf Zahlung.

Vor Gericht stellt sich heraus: B. hätte gar nicht zu sägen brauchen. Das Gericht ist für Bäume und gegen ihre Kastration aus Gründen der Bequemlichkeit. Wo keine Säge nötig war, ist auch kein Anwalt zu bezahlen. Nicht von B.

B. schneidet nicht mehr. A. schneidet B. weiter. C. hat sich schon geschnitten. (AG Frankfurt, Az.: 32 C 2870/89–39.)

Es geht um nichts

Protokoll eines Gesprächs mit zwei Richtern des Landgerichts in Gelnhausen.

Frage: Haben Nachbarschaftsstreitigkeiten nach Ihrer Erfahrung zugenommen in den letzten Jahren?

Richter 1: Es gibt ein abgewandeltes Sprichwort: Nachbarn sind gut und schön. Bloß böse muß man mit Ihnen sein.

Richter 2: Ich bin Zivilrichter, und meine Erfahrung ist: eindeutig. Sie haben nicht nur zugenommen in den letzten Jahren, die Auseinandersetzungen werden auch härter geführt. Und: der Streitwert wird immer höher angesetzt, der Betrag, um den gestritten wird.

Ein Beispiel: Ich hab' gerade einen Fall, da klagt jemand gegen einen benachbarten Getränkevertrieb, daß das Klappern mit den Bierkästen auf eine bestimmte Zeit beschränkt wird. Da war zunächst mal ein Streitwert von 4000 Mark vorgeschlagen, aber die Gegenseite meinte prompt, man müsse ihn mindestens auf 20000 Mark festsetzen. So geht das, kleine Sachen, aber der Wert wird hochgepuscht. Das wirkt sich dann auch auf die Kosten des Verfahrens insgesamt aus.

Richter 1: Ich habe als Richter beim Strafrecht mit solchen Fällen zwar nicht ganz soviel zu tun wie meine Zivilrichterkollegen, aber auch in meinem Bereich nehmen diese Fälle ganz klar zu. Nicht nur zahlenmäßig, auch die Intensität nimmt zu: es wird heftiger gestritten, massiver gestritten. Die Verfolgungsmentalität nimmt zu. Es passiert immer häufiger, daß der, der eine Privatklage anleiert, der sich ungerecht behandelt fühlt, vielleicht geschlagen, beleidigt wurde, dann hier vor Gericht auftritt wie ein Strafverfolger in eigener Sache. Das ist manchmal ganz heikel.

Frage: Physische Gewalt – also Prügeleien – spielen eine Rolle in solchen Konflikten?

Richter 1: Sicher. 50 % aller Privatklagen sind Schlägereien zwischen Nachbarn.

Richter 2: Das gibt es auch auf dem zivilrechtlichen Sektor, und zwar in der Schmerzensgeldklage. Grad gestern hatte ich eine Verhandlung, wo zwei Nachbarn aufeinander losgegangen sind, und zwar der eine mit 'ner Eisenstange, und der andere hat dann Schmerzensgeld verlangt.

Frage: Sind Sie eigentlich als Richter froh, daß sich so viele Mitbürger um ihr gutes Recht kümmern?

Richter 1 (lacht): Also wenn ich mal das so sagen darf: Ich bin überglücklich, wenn ich so eine Privatklage auf den Tisch kriege. Ich bemühe mich natürlich, korrekt zu sein. Aber gern mach' ich sie nicht, wirklich nicht. Und dann gibt es auch so was: Gestern schrieb mir ein Anwalt, der eine Partei in einem Nachbarschaftsstreit vertritt, das Gericht solle die Sache doch gar nicht so ernst nehmen, es wäre eh 'ne Kleinigkeit, wir sollten das etwas hinausziehen, es gäbe nun wirklich wichtigere Dinge, ja? Er entschuldigt sich quasi für die Geringfügigkeit, aber mir knallt er sie dann auf den Tisch. Und wenn sie erst da ist, dann muß ich sie bearbeiten.

Richter 2: Man kann vielleicht salopp sagen, man fühlt sich gelegentlich als Richter auf die Schippe genommen in solchen Sachen: wenn man wegen Zentimetern von zu hohen Hecken oder zu dicht an der Grenze stehenden Bäumen in Anspruch genommen wird.

Frage: Fällt es Ihnen eigentlich als Richter schwer, da den nötigen Ernst aufzubringen?

Richter 1: Was heißt Ernst? Als Richter muß ich mir das Grinsen verkneifen. Aber wenn man wirklich sieht, um was da eigentlich gestritten wird, dann muß man schon sagen: lächerlich, einfach lächerlich. Aber wir müssen uns zurückhalten. Äußerungen der Art wie: was soll der Blödsinn, dürfen wir nicht tun, auch wenn's schwerfällt.

Richter 2: Ich mach' es häufig so, daß ich zu den Örtlichkeiten selbst hinfahre und den Leuten dann auch schon sage, sie sollen sich doch mal darüber im klaren sein, über was sie sich hier eigentlich streiten.

Frage: Haben Sie Erfolg?

Richter 2: 50 % der Rechtsstreitigkeiten können so vergleichsweise bereinigt werden, aber die anderen 50 % müssen durch Urteil entschieden werden. Vergleich heißt aber, ich muß mich in jedem Fall damit beschäftigen, ich muß raus, muß die Streithähne bequasseln, da geht Zeit drauf und Arbeit.

Frage: Haben Sie Stammkunden?

Richter 2: Es gibt welche, die ich seit Jahren regelrecht betreue, bei denen ich schon drei-, viermal war, immer wegen derselben Sache – Grenzstreitigkeiten –, wo die immer wieder aufeinanderprallen und immer wieder das Gericht anrufen, um ihre Auseinandersetzungen zu entscheiden.

Richter 1: Zum Schlichten muß man noch folgendes sagen: Es gibt bei Privatklagen eine Instanz, die dem Gericht vorgeschaltet ist, das ist der Schiedsmann. Wenn es also Streit unter Nachbarn gibt – wegen Beleidigung, Hausfriedensbruch, Körperverletzung, Bedrohung, Sachbeschädigung usw. –, dann kann einer vor Gericht ziehen und sagen: Ich wünsche, daß der andere dementsprechend verurteilt wird. Aber das entscheidet erst mal der Schiedsmann als Schlichtungsstelle vorab, ob da nicht noch ein Kompromiß möglich ist. Und wenn der scheitert – und bei der zunehmenden Verbissenheit der Streitparteien geschieht das immer öfter –, erst dann kann die Privatklage erhoben werden. Und dann bemühen wir uns anschließend noch einmal, zu schlichten. Es gibt also, bevor es zum Prozeß kommt, in der Regel eine doppelte Bemühung zu schlichten. Aber, wie Sie sehen, nicht mit viel Erfolg.

Frage: Wie steht es um den sogenannten gesunden Menschenverstand bei solchen Auseinandersetzungen?

Richter 1: Tja, ich will denen, die dann wirklich prozessieren, den nicht absprechen. Aber – gesunder Menschenverstand – man hat doch dabei erhebliche Zweifel, ob der hier wirklich die Oberhand behält.

Frage: In den Prozessen, schwappen da auch manchmal die Emotionen hoch?

Richter 1: Immer, das geht nie ohne.

Richter 2: Auf jeden Fall. Das geht so weit, daß die Anwälte selbst ihre eigene Partei beruhigen müssen, weil die nicht nur den Gegner beschimpft, das Gericht beschimpft, sondern auch den eigenen Anwalt.

Richter 1: Also ich habe neulich in einem Fall zwei Gerichtswachtmeister zwischen die Parteien setzen müssen, weil die, entgegen allen Warnungen des Gerichts und der Aufforderung ihrer Anwälte, aufeinander losgegangen sind wie zwei Kampfhähne. Von Versöhnung war da überhaupt nicht die Rede, das ist aussichtslos.

Frage: Wie sieht es mit der Kompromißbereitschaft der Parteien aus, die vor Gericht erscheinen?

Richter 1: Gleich Null. In den Fällen, die mir vorliegen, die zur Verhandlung gekommen sind, habe ich keinen einzigen schlichten können. Keinen einzigen, noch nicht mal im Ansatz. Aber ich habe prozessuale Mittel und Wege gefunden, das Verfahren vorher abzukürzen, das muß ich ehrlich sagen. Die Strafprozeßordnung, nach der sich das alles abspielt, sieht da für Privatklagen besondere Möglichkeiten der Einstellung vor, wegen Geringfügigkeit zum Beispiel. Sie gibt also dem Gericht relativ große Ermessensspielräume.

Frage: Was kostet so eine Richterstunde?

Richter 2: Zwischen 300 und 400 Mark etwa.

Richter 1: Die Prozeßkosten, das, was der Staat oder der Steuerzahler zu leisten hat, sind sehr oft höher als die ganze Sache wert ist.

Richter 2: Das ist eine Mischkalkulation. Es gibt ja auch Streitwerte, wo wenig Arbeit zu tun ist, vielleicht eine halbe Stunde, wo dann viel mehr in die Landeskasse reinkommt.

Im Zivilprozeß ist es ja so: Derjenige, der den Prozeß verliert, hat die Kosten insgesamt zu tragen: seine eigenen, die der Gegenseite und auch die Gerichtskosten.

Ein großes Problem, mit dem wir Zivilrichter viel zu tun haben, ist das der Rechtsschutzversicherung. Viele Leute, die

Prozesse führen, sind rechtsschutzversichert und sagen sich: Wir haben unsere Prämien bezahlt. Jetzt möchten wir auch was dafür haben. Erst einmal den Prozeß, und dann sind wir auch überhaupt nicht bereit, uns vergleichsweise abzufinden. Es soll und muß – so denken diese Leute – durch ein Urteil entschieden werden. Sie wollen unbedingt ein Urteil.

Richter 1: Das liegt im Strafrecht nicht anders. Die Rechtsschutzversicherungen geben den Leuten das Gefühl, daß sie a) gut aufgehoben sind und b) immer ihr Recht bekommen. Wobei zwischen Urteil und Recht ein himmelweiter Unterschied ist. Wir bemühen uns um Gerechtigkeit, aber ob wir immer gerecht sind ... hm, ich weiß es nicht.

Auf jeden Fall: die Leute sagen, jetzt geht's aber vor Gericht, es wird ja bezahlt. Das ist eine Mentalität wie beim Kassenarzt, es kost' ja nix, wenn ich mir die Pillen über Schein hole. Eine Selbstbeteiligung insoweit haben wir noch nicht.

Frage: Woran liegt das im Kern, daß immer mehr Nachbarn aufeinander losgehen, wie erklären Sie sich das?

Richter 2: Es ist die Einstellung: Recht ist das, was ich vor Gericht bekomme. Die delegieren das einfach. Ich will mein Recht! Auf zum Gericht!

Der Streitwert spielt in diesen Prozessen gar nicht so sehr die entscheidende Rolle. Es sind ja oft Dinge, die Jahre zurückliegen, es dauert ja, bis es zum Prozeß kommt. Es ist das Recht, das „Recht-haben-Wollen".

Richter 1: Soweit ich das beurteilen kann: es ist die Enge, die Art, wie die Leute aufeinanderhängen. Ich kann das aus den Akten wirklich ableiten. Zu eng geschnittene Grundstücke, zu dicht in Mietwohnungen oder größeren Häusern zusammenleben – das geht immer schief, weil einfach kein Freiraum mehr da ist. Wenn der eine brüllt, fühlt sich der andere auf'n Schlips getreten. Wenn der eine seinen Wagen wäscht, fühlt sich der andere in seiner sonntäglichen Ruhe beeinträchtigt. Vielleicht zu Recht, ich weiß nicht, aber das ist es einfach: Wenn Platz dazwischen wäre, würde man sich nicht auf'n Geist gehen.

Richter 2: Lauter erwachsene Leute, aber verbohrt. Aufgrund der vielen täglichen Gemeinheiten, die sie sich wechselseitig antun, verlieren sie den Überblick. Der klare Kopf ist weg, und dann wird die Sache gnadenlos und auch hemmungslos ausgetragen. Es ist auch oft verschmähte Liebe, zurückgewiesene Freundschaft im Spiel, oder die Marotten, die Überkandideltheit der einen Partei. Und das wird vor Gericht in epischer Breite abgehandelt, Romane, sag' ich Ihnen. Und wir haben wenig Mittel, um zu sagen: Stop. Wir müssen's anhören, sonst werden wir abgelehnt oder beachten die Prozeßgesetze nicht.

Man redet immer von Toleranz, man soll tolerant sein. Aber damit haben es die Leute eben leider nicht. Wenn sie tolerant wären, wären ungefähr 60 % der Fälle hier nicht anhängig. Das kann ich guten Gewissens sagen.

Frage: Sind Sie selber schon mal in einen Nachbarschaftsstreit verwickelt gewesen?

Richter 1: Nein.

Richter 2: Bloß nicht! Wenn sich das so darstellt, wie wir das hier erleben, hätte ich regelrecht Angst davor.

Frage: Sie würden nicht vor Gericht gehen?

Richter 2: Um Gottes willen!

Kapitel 14

Der Mensch als Hausmeister.
Eine Übung zum Volksempfinden

Sie hat einiges von mir genossen

Wer kein Haus hat, soll deshalb nicht benachteiligt sein. Auch im Mietshaus läßt sich streiten, vorausgesetzt, man hat Nachbarn, die sich um einen kümmern.

Frau Hilla wohnt in Augsburg, in einem Altbau, parterre. Der Hinterhof, den sie und ihr Kind als Freizeit- und Spielplatz nutzten, war bis vor kurzem von Bäumen und Büschen durchwachsen. Ordentlich sah das nicht aus.

Das fand auch Herr Fleischmann im 2. Stock. Er schaut schon mal nach dem Rechten.

Frau Hilla, geschieden, ist eine junge Frau. Sie arbeitet im Büro, in Zeitarbeit.

Herr Fleischmann, verheiratet, ist Beamter in einem Amt. Bis zur Pension muß er noch zehn Jahre amtshandeln.

Frau Hilla: Der schaltet und waltet wie er will! Letztes Jahr hat er im Garten alle Büsche und Bäume radikal abgesägt. Obwohl jeder im Haus sich gewehrt hat und geschimpft hat.

Herr Fleischmann: Jawohl, hab' ich weggemacht. Alles herausgerissen. Das war ja alles überwuchert. Total verkommen. Sah ja aus wie bei Asozialen.

Frau Hilla: Den Sandkasten hat er auch weggemacht. Ich hab' zwischenzeitlich immer Pflegekinder aufgenommen. Hab' gemeint, das ist gut für mein Kind. Die haben zusammen gespielt. Und im Sommer hatten wir da so eine kleine Wanne, die wir als Planschbecken benutzt haben. Die hat er mir nachts umgekippt und zerdellert und die Stühle und den Tisch, die dabeistanden, kurz und klein getreten. Da hab' ich ihm geschrieben, er solle damit aufhören und meine Sachen nicht demolieren. Da ist er zum Rechtsanwalt gegangen, und die ganze Streiterei ging los. Er hatte die Wäscheleine zu bemängeln, er wäre über die Stühle gestolpert, weil sie im Weg ständen usw.

Herr Fleischmann: Sie! Die hält sich Kinder, so erwerbsmäßig. Das hab' ich sofort der Hausfrau – der Vermieterin – gesteckt. Es standen immer ein paar Kinderwägen im Flur. Die hab' ich gleich rausgeschmissen. Steht doch in der Hausordnung: die Gänge sind freizuhalten. Wir sind 15 Parteien im Haus. Stellen Sie sich mal vor: jeder hält sich da so ein paar fremde Kinder. Und stellt die alle auf den Hof. Dieses Geschrei! Die Hausfrau hat gesagt: Herr Fleischmann, Sie vertreten meine Interessen im Haus, Sie sind der älteste Mieter. Ich bin mit der Hausfrau ihren Mietvertrag durchgegangen. Da steht nichts davon drin, daß sie den Hof benutzen darf. Da durfte ich die Wanne natürlich nicht dulden. Das war ein Ding: sittenwidrig! Sie hat sich da selbst reingehockt, halb nackert planschend in der Wasserfülle. Ich habe sie in flagranti erwischt!

Frau Hilla: Er hat mich im Gang angeschrien, was das für ein Saustall wäre, man müßte sich ja schämen hier zu wohnen, in so einer Sauerei. Ich war wie vom Blitz getroffen. Und dann hat mein Anwalt geschrieben und wieder sein Anwalt, hin und her, seitdem behandelt er mich wie Luft. Früher war er immer ganz freundlich zu mir und auch zu meinem Sohn.

Herr Fleischmann: Schauen Sie sich doch mal ihren Jungen an, der schaut aus wie vier und ist jetzt sieben Jahre. Seelisch und praktisch vergewaltigt! Nackert in der Wanne! Aus ihrer Wohnung stinkt es ja auch raus, da brauchen wir gar nicht drüber reden. Schmutzig, es ist so schmutzig. Ich war ja früher öfters drinnen.

Frau Hilla: Und dann kam die Sache mit dem Keller. Ich hatte meine Wohnung neu eingerichtet und die alten Sachen vom Kinderzimmer und Wohnzimmer zerlegt und in den Keller runter getan, um sie beim nächsten Sperrmüll rauszustellen.

Herr Fleischmann: Seitdem die Hilla hier wohnt, haben wir die

Ratten im Haus. Lauter Müll im Keller von ihr. Stinkende Matratzen. Prompt sind die Ratten gekommen. Mir ist der Eiter schon aus dem Mund rausgelaufen. Ich war in der Klinik, ich habe richtig Aufbruch gehabt, meine Frau auch, weil: die Ratten sind in die Bierkästen reingesprungen, und ich habe davon getrunken! 22 Jahre hier, und auf einmal Ratten! Ich kann Ihnen die Rechnung zeigen, ich habe für 40 Mark Rattengift gekauft. Wie die da unten rumgesaust sind!

Frau Hilla: Was für eine Unverschämtheit. Ich und Ratten. Auch die Leute vom Gesundheitsamt, die er sofort verständigt hatte, konnten da keinen Zusammenhang herstellen. Mein Anwalt verfolgt das weiter. Ich hab' dann zur Sicherheit eine feste Tür vor den Keller gemacht.

Herr Fleischmann: Ne eiserne, da kommt nichts raus. Aber jetzt, wenn sie mal wieder aufmacht, können Sie sich ja vorstellen, was einem blüht. Das Ungeziefer hält sich doch bei der! Da sind doch dauernd so alte Tramper bei ihr aus- und eingegangen, die haben sich den Scheiß geholt, das ganze Gelumpe aus dem Keller. So dreckige Burschen. Die waren ja ständig bei ihr drinnen.

Frau Hilla: Warum sich ein Mensch so ändert! Ich hab' das überhaupt nicht kapiert am Anfang. Wo er doch erst so nett war zu uns.

Herr Fleischmann: Sie hat alles von mir gekriegt. Ich habe sie zum Essen eingeladen, habe sie zum Wein mitgenommen. Ich habe sie sogar auf Kur in Bad Windsheim besucht. Sie hat einiges von mir genossen. Seit sie da ist, ist Unfrieden.

Störfall Kind

Immer wieder, besonders in Mietshäusern, werden Kinder und Jugendliche von Nachbarn verklagt. Sie seien zu laut, zu frech, störten den Hausfrieden. Häufig ist es das Ziel der Kläger, die ganze „laute" Familie aus dem Haus zu klagen. In aller Regel ziehen die Gerichte da nicht mit. Ein Beispiel:

„Die von der Klägerin behaupteten Beleidigungen und Beschimpfungen gehen von der Tochter der Beklagten aus. Das

Verhalten der Tochter ist ein Problem, das sich beim Zusammenleben alter und junger Menschen ergibt, die einander fremd sind und dazu noch verschiedenen Kulturen angehören. Nach Auffassung des Gerichts ist es der Hausgemeinschaft zuzumuten, mit einem schwierigen Kind zusammenzuleben." (AG Kiel, Az.: 13 C 35/89.)

Nächtliches Schreien von Babys muß hingenommen werden. Schon 1952 wies das Landgericht Berlin die entsprechende Klage gegen eine alleinerziehende Mutter ab, mit der Begründung, daß das Schreien kleiner Kinder gerade nachts unvermeidlich sei und keineswegs der Mutter als Verschulden angerechnet werden könne. „Das gleiche", so befand das Gericht in schöner Formulierung, „gilt für das von dem Kläger vorgetragene *Herumhantieren* der Mieterin (i. e. der Mutter) in den frühen Morgenstunden zur *Wartung* des Säuglings." (Landgericht Berlin, Az.: 27 S 149/52.)

Wenn der Feind lacht

Der Nachbar feiert wüste Feste. Man selber ist allein. Das zehrt. Selbst aus dem Keller hört man noch das Lachen der Feinde.

Zum Sachverhalt: „Die Beklagten feierten am 9. 7. ab 18.00 Uhr auf ihrem Grundstück ein Gartenfest. Gegen 22.00 Uhr wurde das Fest in den Keller verlegt. Die Kellertür zum Garten blieb offen. Der Nachbar alarmierte die Polizei und erstattete Anzeige wegen Ruhestörung. Er behauptet, die Beklagten und ihre Gäste hätten einen Höllenlärm, überwiegend durch lautes Lachen, verursacht, der durch sein geschlossenes Schlafzimmerfenster gedrungen sei. Die Beklagten hätten in den vergangenen drei Jahren durchschnittlich viermal im Jahr derart lärmintensive Feste gefeiert. Er ist der Ansicht, er müsse derartige Feste in seiner Nachbarschaft nicht dulden. Er beantragt, den Beklagten zu untersagen, in der Zeit von 20.00 bis 7.00 Uhr Feste im Nachbargarten oder -haus zu feiern und dabei Lärm zu verursachen, der bis zu seinem Haus dringt."

Das Gericht tagte nur kurz und sagte dann, was Sache ist:

1. Feste feiern, auch im Freien, sei nicht verboten.
2. Bei vier Gartenfesten im Jahr könne von einer gesundheitsgefährdenden Lärmbelästigung nicht gesprochen werden.
3. Es liege in der Natur solcher Feste, daß gelacht und geredet wird.
4. 24 Personen pro Fest (der Kläger hatte mitgezählt) seien nicht ungewöhnlich.
5. Wenn ein Gartenfest nach 22.00 Uhr im Haus oder Keller weitergehe, so zeige das ja wohl, daß die Gastgeber auf ihre Nachbarn Rücksicht nehmen.
6. Es sei klar, daß man im Sommer wegen der Belüftung die Fenster geöffnet halte und also auch Geräusche nach außen dringen könnten.
7. Offenkundig habe sich kein anderer Nachbar belästigt gefühlt. Das Gericht wies die Klage ab. (LG Frankfurt, Az.: –2/21 O 424/88.)

Eiskalt jung

Gegen eine offensichtlich altersverwirrte Greisin zogen Mitbewohner eines Hamburger Mietshauses vor Gericht. Der Grund: Die alte Dame vergifte durch haltlose Beschuldigungen gegen ihre Nachbarn das Hausklima und sei für die Gemeinschaft nicht mehr tragbar. Das Gericht wies die Klage ab und rüffelte die Kläger: „Es ist ein besonders bedauerliches Zeichen unserer Zeit, daß immer mehr die Bereitschaft verlorengeht, die Belastungen durch ältere Menschen als naturgegeben hinzunehmen und zu ertragen. Das Gericht hält es für sinnvoll, den Kläger und die Mitmieter darauf hinzuweisen, daß es den Bewohnern eines Mietshauses zugemutet werden muß, auch Schwierigkeiten mitzuverkraften, die sich aus den Abnutzungserscheinungen älterer und kranker Menschen ergeben.

Für den Richter ist es unverständlich, daß sich die Mitbewohner hier über die ‚absurden‘ Äußerungen der Beklagten, über Diebereien, Eindringen in ihre Wohnung und vieles mehr ernsthaft ärgern und nicht als Ausfluß eines traurigen körperlichen Abbaus erkennen. Die Mitmieter müssen sich im klaren sein, daß auch sie einmal das Alter der Beklagten erreichen könnten und dann mehr oder weniger von der Gnade ihrer Umgebung abhängig sind.

Den Mitmietern muß deutlich gesagt werden, daß sie – solange sie in einem Mietshaus wohnen – nicht davon sprechen können, daß sie ein ,Recht auf Ruhe im eigenen Heim' hätten. Alle Mitbewohner eines Mietshauses müssen davon ausgehen, daß sie wegen des engen Zusammenlebens mit anderen Menschen deren Gebrechen mittragen müssen. Wenn sie das Verhalten nur als ,Frechheiten' ansehen, fehlt ihnen möglicherweise noch die altersmäßige Reife, um für sehr viel ältere Menschen genügend Verständnis aufzubringen." (Amtsgericht Hamburg, Az.: 39 C 194/82.)

Lieb Vaterland

Gegen den Bau eines Wohnheims für Aus- und Umsiedler in ihrem Wohngebiet klagten vereinigte Nachbarn durch mehrere Instanzen, aber vergeblich. Ihre tatsächlichen Befürchtungen – soziale Entwertung des Viertels, Minderung der „gehobenen" Lebensqualität – formulierten sie im Gewand einer mehrteiligen Abwehrstrategie:

1. Das Wohnheim sei ein Beherbergungsgewerbe, mithin ein Hotel, und bedürfe einer Ausnahmeerlaubnis.

2. Der zu erwartende abweichende Lebensrhythmus der zukünftigen Bewohner und die hohe „Belegungsdichte" (80 Personen) verletze das Gebot der Rücksichtnahme auf die jetzige Wohnbevölkerung.

3. Die Zahl von 10 Pkw-Stellplätzen sei nicht ausreichend.

Das Verwaltungsgericht Kassel ließ nicht gut Kirschen mit sich essen, zog sich ganz auf die baurechtlichen Aspekte zurück und konterte beinhart:

Zu 1: Keineswegs sei das geplante Wohnheim ein Hotel o. ä. Denn dazu gehöre planungsrechtlich ein bestimmter Betriebszweck, wie Gaststättenbetrieb oder Vermietung von Zimmern. Das Wohnheim dagegen sei als Wohnhaus oder Anlage für soziale Zwecke einzustufen.

Zu 2: Belegungsdichte und der Lebensrhythmus der in dem Heim untergebrachten Bewohner sind keine bauplanungsrechtlich relevanten Gesichtspunkte. Der zuständige Paragraph (§ 15 Baunutz VO) biete keinen Anspruch auf Bewahrung der sozialen Zusammensetzung des Wohnheimumfelds (Milieuschutz).

Zu 3: Ob 10 Stellplätze ausreichend seien oder nicht, gehe die Nachbarn im Prinzip nichts an, weil in diesem Punkt eine tatsächliche Betroffenheit der Kläger nicht glaubhaft sei. (VGH Kassel, Az.: 4 TG 3185/89.)

Der Asylant als Sparbüchse

Durch tamilische Asylbewerber belästigt fühlte sich die Bewohnerin eines Mietshauses und klagte auf Mietminderung. Die Asylanten hielten sich nicht an die Hausordnung, würden weder Fenster noch Treppenhaus ordentlich putzen, die Männer liefen barfuß herum, der „penetrante Geruch" ausländischer Gewürze verpeste das Haus, die Kinder würden angeblich vom Balkon urinieren, und in den überbelegten Wohnungen würde ständig und bis in die Nacht hinein lautstark gefeiert.

Obwohl das Amtsgericht Lünen der Klägerin in den meisten Punkten nicht folgen wollte, gab es ihr im Falle der Lärmbelästigung recht und erlaubte eine Mietminderung von 20%. (Az.: ZW 14 C 182/86.)

Elend billig

Mit einer verblüffenden Begründung versuchte eine Kölner Vermietungsgesellschaft eine geltend gemachte Mietminderung abzuwehren. In dem Haus, in dem sich ausschließlich Sozialwohnungen befinden, hatten Mieter sich wegen fortwährender erheblicher Belästigung aus einer Nachbarwohnung schon mehrfach beklagt. Nächtlicher Dauerlärm, vergammelte Essensreste, ekelhafte und übelriechende Verschmutzung des Nachbarbalkons rechtfertigten ihrer Meinung nach eine Minderung des Mietzinses. Die Wohnungsgesellschaft wies dies zurück mit der Begründung, das Haus liege in einem sozialen Brennpunkt, werde an sozial schwache Personen vermietet, in einer solchen Umgebung seien Belästigungen an der Tagesordnung und somit hinzunehmen. Die Unverfrorenheit dieser Argumentation wurde vor dem Kölner Landgericht, bei dem die Gesellschaft ihre Mieter verklagt hatte, jetzt zurückgewiesen. Das Gericht stellt klar, daß die Mieter die angegebenen Belästigungen keineswegs zu erdulden hätten und daß vor allem die Begründung der Vermietungsgesellschaft jeder rechtlichen Grundlage entbehre. Das Gericht wörtlich: „Die Beklagten haben sich durch die Anmietung der Wohnung nicht des Anspruches begeben, in geordneten Verhältnissen leben zu können. Selbst wenn es sich bei dem betreffenden Mietobjekt um einen sozialen Brennpunkt gehandelt haben sollte (wofür kein konkreter Anhaltspunkt ersichtlich ist), wären die Beklagten nicht gehalten gewesen, grobe Belästigungen der hier in Rede stehenden Art hinzunehmen." (AZ.: 12 S 165/84.)

Stöhnend alt

In Baunatal, Landkreis Kassel, findet zur Zeit eine spezielle Variante des Themas Nachbarschaftsstreit statt. Anlieger klagen dort gegen die geplante Erweiterung eines Altenheims. Begründung: unzumutbare Belästigungen der Nachbarn durch „stöhnende" Senioren, „unartikulierte" Laute aus dem Altenzentrum. Schon seit rund fünf Jahren ist die Sanierung und Erweiterung dieses Zentrums von 122 auf 147 Plätze geplant, die Baugenehmigung vor rund einem Jahr erteilt. Seit dieser Zeit steigen die anliegenden Nachbarn auf die Barrikaden. Vorbild scheint der umstrittene Richterspruch aus Baden-Württemberg zu sein, durch den ein Altenheim aufgrund der „Belastungen" für die Anlieger aus einem reinen Wohngebiet verwiesen wurde. Für die Baunataler Kläger ist die Sache klar: Mehr Alte heißt mehr Belästigung. Zu befürchten sei nicht nur verstärkte nächtliche Geräuschemission durch lallende Alte, sondern auch, daß verwirrte Senioren, die künftig zuhauf das Gelände des Zentrums verlassen könnten, zu einer Gefahr für die Anwohner würden. Sie legten, als die Baugenehmigung erteilt wurde, zunächst einmal Widerspruch ein. Der Landkreis Kassel ordnete daraufhin „Sofortvollzug" der Baumaßnahme an, die Kläger antworteten mit Gegenklage per Eilantrag. Diesem Antrag gaben die Richter jetzt nicht statt. In der Begründung äußerten sie zwar Verständnis für den Wunsch der Anlieger, daß sich in ihrer Umgebung nichts ändere, für rechts- und schutzwürdig halten sie diesen Wunsch jedoch nicht. Die Befürchtung, daß angeblich verwirrt herumlaufende Bewohner des Altenheims künftig verstärkt zu einer „Gefahr für Leib, Leben, Hab und Gut" der Anwohner werden könnten, teilt das Gericht nicht.

Überdies, so die Eilentscheidung der Richter, könne es ja wohl nicht als unzumutbare Belästigung angesehen werden, wenn wie auch immer zu bewertende „unartikulierte" Laute – dies auch nur möglicherweise – aus dem Altenzentrum dringen sollten. „Unerfindlich" schließlich sei auch die Befürchtung der Anlieger, daß nach der geplanten Erweiterung der Anlage derart laute Geräusche aus dem Heim klängen, daß sich die Nachbarn nicht mehr in ihren Gärten aufhalten könnten.

Abschließend wies das Gericht darauf hin, daß auch Bewohner eines reinen Wohngebietes einen gewissen Lärm ertragen müßten. Etwa den von motorgetriebenen Rasenmähern, der, so heißt es in der Entscheidung, weit unangenehmer sein könne als die aus einem Altenheim zu erwartenden Geräusche. (Az.: 2/3 H 463/91.)

Kapitel 15

Gewalt und Leidenschaft

Da lag mein Mann in seinem Blute

„Da hat der Herr Bockhoff sich umgedreht und hat mir voll mit der Faust ins Gesicht geschlagen, im Beisein meiner Frau."

Herr Puschmann zittert am ganzen Körper, so regt ihn das auf. Und seine Frau steht daneben und nickt düster mit dem Kopf. Stellen Sie sich vor, solche Nachbarn haben wir hier.

„Ich und den geschlagen? Umgekehrt! Es war genau umgekehrt. Ich bin doch zusammengeschlagen worden von dem! Auf blutigste Weise."

Herr Bockhoff wirkt leicht indigniert. Nicht wütend, eher nachsichtig. Wie man die Tatsachen verdrehen kann. Und seine Frau neben ihm kann nur betrübt den Kopf schütteln. Die lügen doch wie gedruckt da drüben.

„So ist es gewesen, voll ins Gesicht rein", bekräftigt Herr Puschmann, „wahrheitsgemäß. Ich bin sehr strenggläubig. Ich kann das jederzeit beschwören, mit eigener Hand."

Herr Puschmann hat kräftige Hände. Sein ganzes Leben hat er auf dem Bau gearbeitet, zuletzt als Polier. Er ist ein Brocken von Mann.

„Würgemale, Hemd zerrissen, blaues Auge, Schädelfraktur, von oben bis unten Schwellungen durch Fußtritte", frohlockt Herr Bockhoff und listet die Schäden von Nachbars Hand an seinem Körper auf.

„Und jetzt sagt dieser fromme Christ, ich hätte ihn zuerst angegriffen. Da hätte man doch was von sehen müssen, im Gesicht, wenn ich den getroffen hätte."

Im Vergleich zu Herrn Puschmann ist Herr Bockhoff höchstens Mittelgewicht, schlank, sportlich, der dynamische Angestellte eines dynamischen Technologiekonzerns.

Wir sind ein wenig verwirrt. Wer hat jetzt was? Und vor allem warum? Und wer zuerst und wer zuletzt? Und wieso mit solch schlagenden Argumenten?

Wir sind in Bad Homburg, auf teurem Taunus-Pflaster. Hier wohnt, wer es sich leisten kann. Polier Puschmann ist da eher untypisch. Das Ehepaar Bockhoff hatte uns geschrieben: Der Nachbar sei ausgerastet, in schwerer, körperverletzender Weise. Steinzeit, ein Troglodyt der Mann.

„Da drüben ist das Klofenster schon auf", sagte Frau Bockhoff gleich zu Anfang, „da stehen die schon die ganze Zeit und hören mit. Gehen Sie doch mal rüber, dann sehen Sie schon, was das für Leute sind." Der Tonfall ist eindeutig. So redet man von Insekten.

Wir gingen. Und seitdem sind wir unterwegs wie Emissäre zwischen den feindlichen Linien, hin und her, und allmählich setzt sich die Geschichte zusammen wie ein Puzzle.

Weit gehen müssen wir nicht. Die Grundstücke mit den beiden Bungalows grenzen aneinander, die Parzellen sind klein, der Boden teuer. Das Ganze liegt an einer Art Stichstraße, zuerst kommt der Bungalow der Bockhoffs, dann der von Puschmanns, eine traumhafte Wohnlage, aber eben dicht auf dicht. Wer hier nachts schnarcht, erfüllt schon den Tatbestand der Ruhestörung. Die Zufahrt führt direkt an Bockhoffs Haus vorbei und endet am Gartentor der Puschmanns. Die Zufahrt ist praktisch und pflegeleicht. Für die beiden Nachbarn war sie ein Zankapfel von Anfang an, Quelle und Ursache eines Streits, der schließlich am Gartenzaun explodierte.

„Obwohl ich das darf", empört sich Herr Puschmann, „aber nein: er verbietet es mir. Es steht ja im Grundbuch. Ich darf mit meinem Wagen hier reinfahren, zum Be- und Entladen."

„Von wegen", sagt Frau Bockhoff, die wir flugs mit dieser Aussage konfrontieren, „der lädt nicht, der parkt. Dauernd parkt der seine Stinkekarre vor unserem Kinderzimmerfenster. Dauernd fährt er rein und raus. Auch nachts. Unsere Tochter wacht ständig davon auf, und die Abgase ziehen ins Zimmer, im Sommer, wenn das Fenster auf ist."

„Er fährt mit seinem Auto auf sein Grundstück und parkt da", ärgert sich Herr Puschmann. „Das darf er. Aber mir will er es verbieten, der krumme Hund."

„Ich hab' gedacht: Red'st du mal mit seiner Frau", sagt Frau Bockhoff, „er ist ja so 'n Sturkopp, probierst du es mal von Frau zu Frau. Hab' ich gemacht, da kommt er am nächsten Tag mit hochrotem Gesicht angerannt: was mir denn einfiele, seine Frau in dieser Angelegenheit anzulallen, er fährt da herein, solange er will. Und im übrigen, schrie er, wenn mir Ihre Katze noch einmal auf mein Grundstück kommt, werde ich sie vergiften! Da war ich ganz baff."

„Angepfiffen hat sie mich", für Frau Puschmann macht der Ton die Musik, „hier an der Haustür. Gleich wurde sie laut und hat gekrischen. Ich kam mir vor wie eine Doofe."

„Ich habe mich natürlich mit meinem Anwalt beraten, was man machen kann." Herr Bockhoff findet die Rechtslage doch ein wenig frustrierend. „Ich kann nur eine Unterlassungsklage einreichen. Bei der Überlastung der Gerichte kann es Jahre dauern, bis der Fall drankommt. Und bis dahin sind einem die Hände gebunden."

Das zog sich hin, monatelang. Die Sache kam nicht recht von der Stelle. Man traf Absprachen: Nur wenn der eine parkt, darf der andere auch parken. Man beobachtete sich, man führte gewissenhaft Buch übereinander. Man verzeichnete Verletzungen des Abkommens. Man ließ Dampf ab, man schrie. Man hatte Druck im Kessel.

Und dann kam der Tag, an dem die Hände ganz ungebunden waren. Da flogen die Fäuste.

„Eines Abends im August, es war 20.45 Uhr", erinnert sich Herr Bockhoff, „ich kam gerade heim, da sah ich seinen Wagen wieder geparkt unter unserem Kinderzimmerfenster. Eine glatte Provokation. Ich bin sofort rüber, hab' geschellt und wollte ihn zur Rede stellen. Da hat er die Haustür geöffnet, vollständig bekleidet, und hat gebrüllt: Hau ab, du Sau, sonst mach' ich dich alle!"

„Es war 21.30 Uhr", Herr Puschmann weiß es auf die Minute genau, „wir waren schon zu Bett gegangen, da klingelt es Sturm. Ich raus, da steht er und schreit mich an, ich solle auf der Stelle meinen Wagen entfernen. Ich denke ja gar nicht daran, sag' ich, solange er seinen Wagen da auch parkt. Und da hat er mich das erste Mal ins Gesicht geschlagen, mit der Faust."

Als Faustkämpfer hat sich Herr Bockhoff nicht in Erinnerung. Im Gegenteil.

„Er wurde zunehmend wütend, schrie mich an, das wär' jetzt Hausfriedensbruch, und hat mich von seiner Terrasse geschubst, so daß ich hingefallen bin. Ich hab' mich aufgerappelt und bin weggelaufen. Da ist er hinter mir her, hat mich am Gartenzaun eingeholt und noch mal zu Boden geworfen, so brutal, daß ich Schürfwunden an Händen und Knien hatte."

„Nach der Tätlichkeit an meinem Gesicht ist er weggelaufen, der Feigling", Herr Puschmann ist jetzt wirklich aufgebracht über diese Verdrehung der Tatsachen, „anstatt sich zu stellen ist er gerannt wie ein Hase. Ich hab' ihn verfolgt, und da hat er sich plötzlich am Gartenzaun umgedreht und mir das zweite Mal die Faust ins Gesicht geschlagen. Meine Frau, die hatte sich schnell was übergeworfen, kann das bezeugen."

Frau Puschmann blickt immer noch düster. „Das ist ja das Problem. Ich hab' alles gesehen. Diese Schande! Aber sonst niemand. Angeblich. Die sehen nur das, was ihnen in den Kram paßt."

Frau Bockhoffs Erinnerungsvermögen setzt erst jenseits des Gartenzauns ein, dann aber präzise. Vorher war alles ein Kuddelmuddel. „Da war irgendwie so eine laute Auseinandersetzung. Ich kam dann dazu, habe das geschlichtet und meinen Mann zurückgeholt. Mit den Leuten kann man doch nicht reden, sage ich, hör doch auf, und wir gingen wieder zum Haus zurück. Da kam der Herr Puschmann plötzlich angerannt mit seiner Frau und seinem erwachsenen Sohn und meinte, mein Mann sollte sich bei ihm entschuldigen. Und da sagt mein Mann ganz lässig: Da seh ich doch überhaupt keine Veranlassung, geh heim, Junge, mach dich weg. Oder willste'n paar? Da schrie Herr Puschmann auf: Dich mach ich fertig!, stürzte sich auf meinen Mann und fing an zu schlägern."

Herr Puschmann schäumt jetzt mächtig: „Ich hätte mich auf meinem Grundstück zusammenschlagen lassen sollen, und er geht fröhlich nach Hause, was? Nee, nee, ich hab' mich mit meinem Sohn besprochen – der war gleich aus dem Fenster gesprungen, als er den Lärm hörte –, wie wir uns verhalten sollten, und dann sind wir rüber mit meiner Frau zu Herrn Bockhoff, und ich sag': Er möchte doch so gut sein und sich entschuldigen, öffentlich, dann würd' ich die ganze Sache vergessen. Daraufhin sagt er: Ich denke überhaupt nicht daran, wenn Sie noch ein paar haben wollen, und hat die Hand zum dritten Mal gegen mich gehoben." Herr Puschmann ringt nach Luft, so einen dicken Hals hat er jetzt. „Und da", posaunt es aus ihm heraus, „habe ich mich natürlich kräftig gewehrt. Weil ich ja darauf vorbereitet war."

„Zu dritt sind die über ihn hergefallen", Frau Bockhoff erinnert sich mit Grausen, „auch die Frau. Wie im Kino. Die haben ihn nach Strich und Faden verprügelt. Auch als mein Mann schon am Boden lag, haben sie noch dauernd auf ihn eingetreten. Das Merkwürdige war: Mein Mann hat überhaupt nicht reagiert. Ich hab' das anfangs gar nicht verstanden. Da lag mein Mann in seinem Blute, aber gewehrt hat er sich kein bißchen."

„Als ich von seinem Grundstück kam", sagt Herr Bockhoff behutsam, „hab' ich genau gewußt: Jetzt passiert was, da kommt noch was nach. Ich hab' mich umgeschaut und beim anderen Nachbarn gegenüber Gäste auf der Terrasse gesehen, die waren aufgesprungen und starrten zu uns rüber. Auf der anderen Seite im Neubau sind auch Leute gewesen, die aufmerksam geworden sind. Zeugen, hab' ich gedacht. Ruhe behalten, hab' ich gedacht. Und als ich die Familie heranstürmen sah, war der Entschluß bei mir gefallen: Bleib ruhig, Junge, mach gar nichts."

Und so wurde Herr Bockhoff das sichtbare Opfer eines Mannes, der rot sah. Er wehrte sich nicht, er schlug nicht einmal zurück, als er am Boden lag, er verhielt sich, wenn auch unter Schmerzen, wie ein zivilisierter Mensch. Er gab nach und war vor Gericht der Klügere.

Er hatte beträchtliche Schäden erlitten, Blutergüsse zuhauf, am schlimmsten war, daß der Schädelknochen, der die Augenhöhle vom Hirn trennt, angebrochen schien und die Ärzte zwischenzeitlich Hirnwasserabfluß befürchteten. Auch als dieser Fall dann Gott sei Dank nicht eintrat: Für eine Strafanzeige wegen schwerer Körperverletzung reichte es allemal.

Herr Puschmann hat schlechte Karten vor Gericht, nicht nur, weil er in der ersten Verhandlung intensiv zu toben begann und des Saales verwiesen werden mußte. Und nicht nur, weil Herr Bockhoff ganz cool blieb und auf eine stattliche Liste von Zeugen verweisen kann, die allesamt bestätigen, was uns auch Herr Puschmann mit schwerer belegter Stimme am Gartenzaun eingesteht:

„Jawohl, ich habe den Nachbarn plattgemacht. Aber", so fügt er hilflos hinzu, und die Luft ist völlig raus aus dem Riesenmann: „Er hat mich bis aufs Blut gereizt."

Nur mal so aus Neugier gefragt, nicht fürs Protokoll, nicht für die Akten: Wie war das wirklich bei Herrn Bockhoff, als er abends beim Nachbarn Sturm schellte. Die Sache mit der Faust. Hat er oder hat er nicht?

Herr Bockhoff überlegt nur kurz.

„Er hat mich gestoßen", sagt er. „Ich versuchte, ihn zurückzuhalten. Es kam zu einer Rangelei."

Und schaut ganz arglos, ohne mit der Wimper zu zucken.

Nachzutragen, aber nicht groß auszubreiten, wäre noch der ganz normale Verfolgungswahn unter verfeindeten Nachbarn, das mittägliche Rasenmähen gegeneinander, der Komposthaufen, der zu nahe am Zaun liegt, die Bäume, die Büsche, die vorschriftswidrig den Grenzzaun verletzen, der ganze Dreck fliegt herüber, hinüber, der Samen vom Rasen, die Pollen, das Gift; die Striche, die Herr Puschmann mit weißer Farbe auf der Zufahrt gezogen hat: bis hierhin und nicht weiter, Sie betreten jetzt den feindlichen Sektor; die Ironie, mit der Bockhoffs auf die Brandbriefe des Nachbarn reagieren („Wir wissen genau, das bringt den zum Kochen"), ihre gewissenhafte Buchführung über den Feind von nebenan – der ganze Alltagskram eben, in dem jede Kleinigkeit, wirklich jede, ausschließlich unter dem Gesichtspunkt begutachtet wird: ob sie dazu taugt, dem Nachbarn um die Ohren geschlagen zu werden.

Herr Puschmann hat, wie er uns auf deutsch sagt, von der Sache endgültig die Schnauze voll. Er will verkaufen und nichts wie weg.

Die Bockhoffs hören das mit glitzernden Augen: Mein Gott, wäre das schön! Dann wäre ja endlich Frieden in dieser wunderbar ruhigen Wohngegend, wo schon zehn Meter weiter die nächsten Neubauten hochgezogen werden und frische, unverbrauchte Paare am Wochenende lauthals durch ihr künftiges Glück laufen und von den Alteingesessenen mit aufmerksamen und ein bißchen argwöhnischen Augen beobachtet werden.

Hundeherz

Berlin. Der Mord geschah kurz nach Mitternacht. Ein 25jähriger Mann aus Königs Wusterhausen zog ein Sägemesser und stach mehrmals zu. Das Opfer: der kleine Hund der Nachbarin, der nichts weiter getan hatte, als ihn anzubellen. Laut Polizeibericht soll der Hund erst gebellt haben, als der Mann die Hundebesitzerin zu belästigen begann. Aus Ärger über das Tier stach er in den Hals des Vierbeiners, der trotz Operation in einer Tierklinik starb.

Gegen den zur Tatzeit unter Alkohol stehenden Messerstecher erließ das Tiergartener Amtsgericht einen Strafbefehl: Der Mann muß wegen Tierquälerei und Sachbeschädigung 2700 Mark Strafe zahlen. Das Sägemesser wurde als Tatwerkzeug gerichtlich eingezogen.

Abwärts

Frankfurt. Seit über fünf Jahren liegen sie sich in der Wolle: Heizungsmonteur W. (39) und Konditoreimeister B. (36). Mal lärmten die Kinder des jeweils anderen zu laut, mal kam es zu

Parkplatzstreitereien, mal zu Rempeleien auf dem Bürgersteig vorm Haus.

Den vorläufigen Höhepunkt bildete jetzt eine Schlägerei im Fahrstuhl, dessen Tür die beiden Kontrahenten sich so lange wechselseitig an den Kopf knallten, bis Herr W. über sich hinauswuchs, den Nachbarn B. in die Höhe stemmte und ihn mit derartiger Wucht in den Fahrstuhlkorb schleuderte, daß eine zehntägige ärztliche Behandlung (Lippe, Kiefer, Stirn aufgeschlagen) erforderlich wurde. Vor dem Landgericht Frankfurt kommt W. die Sache teuer zu stehen. Außer dem Schadensersatz von 1800 Mark, den die Berufsgenossenschaft für den Konditor fordert, muß er noch 200 Mark Geldstrafe wegen Körperverletzung sowie die Kosten des Verfahrens zahlen.

Ein Messer für Romeo

Frankfurt. Blutig endete am Sonntag abend ein Streit zwischen zwei seit Jahren verfeindeten Nachbarsfamilien. Grund: Der Sohn der einen hatte sich in die Tochter der anderen Familie verliebt. Weil sie diese Liaison nicht dulden wollten, stürmten gegen 20.45 Uhr zwei männliche Mitglieder aus der Familie des Mädchens die Wohnung der gegnerischen Familie. Sie traten die Wohnungstür ein, feuerten Schreckschußpistolen ab und stachen auf den 23jährigen Verlobten und dessen 49jährige Mutter mit Messern ein. Wegen Stichverletzungen an Brust, Schulter und Beinen und Platzwunden am Kopf mußten sich beide in ärztliche Behandlung begeben. Es besteht keine Lebensgefahr. Nach Angaben der Polizei sind die Namen der flüchtigen Täter bekannt, die Fahndung ist angelaufen.

Der Mörder war der Nachbar

Frankfurt. Der Mörder der Rentnerin Anna Kufer (68) ist gefaßt: Ein Nachbar, der 67jährige Horst W., wurde gestern abend von den Beamten des Mordkommissariats K 11 unter dringendem Tatverdacht festgenommen. Ein blutiger Schuhsohlenabdruck hatte die Polizei auf die Spur des Täters gebracht. Unter der Last der Indizien gestand der 67jährige die Tat. Polizeisprecher Peter Borchardt: „Er wirkte richtig erleichtert."

Anna Kufer war, wie berichtet, vor vier Wochen erschlagen in der Waschküche des dreigeschossigen Siedlungshauses in der Klosterhofstraße 122 gefunden worden. Auch ihrem Yorkshire-Terrier Coco hatte der Täter den Schädel zertrümmert. Die Bluttat war das Ende eines jahrelang schwelenden Nachbarschaftsstreites, bei dem der kleine Hund eine Schlüsselrolle spielte. Er habe, sagte Rentner W. den Kriminalisten, die Frau und den Hund mit einem armdicken Knüppel erschlagen, weil er sich maßlos darüber geärgert habe, daß Frau Kufer Coco immer in der Waschküche gekämmt und der Hund auch häufig dort sein Geschäft verrichtet habe. Auch am Tatabend habe er den Terrier dabei ertappt, wie er in den Gulli urinierte, und die Frau sofort zur Rede gestellt. Als Hausmeister sei er für Ordnung und Sauberkeit zuständig und könne derartige Verstöße gegen die Hygiene auf keinen Fall dulden. Es sei zu einer heftigen Auseinandersetzung gekommen, in deren Verlauf er in seinen Keller gerannt sei und den Knüppel geholt habe. Zuerst habe er die Frau erschlagen, dann den Hund. Seine blutverschmierten Schuhe und den Knüppel habe er in den Main geworfen.

In der Wohnung des Opfers hatte Horst W. nach der Tat einen Einbruch vorgetäuscht, um den Eindruck eines Raubmordes zu erwecken. Er war jedoch dabei so dilettantisch vorgegangen, daß die Kripo die Finte sofort durchschaute. Geld, Schmuck und andere Wertsachen, die offen herumlagen, hatte er nicht angerührt. Den entscheidenden Hinweis lieferten die Spezialisten der Spurensicherung. Sie fanden, außerhalb des sorgfältig gesäuberten Tatorts, im Treppenhaus den blutigen Abdruck eines Teils einer Schuhsohle. Nachforschungen der Mordkommission bei deutschen Schuhfirmen und bei der Zentralstelle in Pirmasens, wo in Deutschland produzierte Profilsohlen registriert sind, blieben jedoch ergebnislos. Erfolg brachte, nach wochenlanger Kleinarbeit, die Recherche in Zeilsheimer Schuhgeschäften. Eine Verkäuferin konnte sich daran erinnern, daß Horst W. die fraglichen Schuhe bei ihr gekauft hatte.

Er war Stammkunde in dem Geschäft. Drei Tage vor dem Verbrechen hatte er sich die Schuhe mit den rutschsicheren Sohlen gekauft, die ihn jetzt überführten.

Nachrichten vom Durchdrehen

Berlin. Weil er sich durch Kindergeschrei und einen laut gestellten Fernseher im Haus gestört fühlte, griff ein sizilianischer Student in Berlin zum Messer und erstach fünf Menschen.

In Le Puy (Frankreich) wurden zwei Personen erschossen und fünf weitere von einem Nachbarn verletzt, als sie spätabends trotz der Bitte um Ruhe weiterhin laut feierten.

In der nordfranzösischen Stadt Doulles wurde ein Schüler wegen lauten Lärmens von einem Nachbarn erschossen.

In Köln kam es wegen lauter Musik, die trotz mehrmaliger Bitte um Ruhe nicht leiser gestellt wurde, zu einer Messerstecherei mit Schwerverletzten.

In Völklingen legte eine 38jährige Feuer in der Wohnung ihrer 75jährigen Nachbarin, weil diese sich über zuviel Lärm beschwert hatte.

In Hamburg erstach der 43 Jahre alte Sahin K. seinen Nachbarn, nachdem dieser zuvor (um 4.20 Uhr) um Ruhe gebeten hatte.

Erstochen hat in Duisburg ein 33jähriger seinen Nachbarn, weil letzterer nächtens seine Musik nicht leiser stellen wollte.

Mopedlärm, den zwei 16jährige nahezu jeden Abend zur Schlafenszeit verursachten, veranlaßte einen 55jährigen Nachbarn, nachts eine sieben Meter lange Stange in 1,5 Meter Höhe quer über die Straße zu legen. Der Mopedfahrer prallte dagegen und war sofort tot, der Beifahrer erlitt schwere Kopfverletzungen.

Hamburg. Ein 64jähriger Rentner erschoß den über ihm wohnenden Wohnungsnachbarn, weil der trotz seiner Beschwerden die laute Geburtstagsfeier fortsetzte.

In Nottingham (England) legte ein Hausbewohner, der jeden Abend durch laute Musik um seine Ruhe gebracht wurde, eine Sprengladung, nachdem die freundliche Bitte um Zimmerlautstärke nicht gefruchtet hatte.

Ein 54jähriger Franzose hat in Floriment (Belfort/Frz. Jura) sechs Schüsse auf seine Nachbarin abgefeuert, weil deren Hahn ihn störte. Wie aus Justizkreisen bekannt wurde, schoß er sich anschließend eine Kugel in den Oberschenkel, als die Polizei ihn festnehmen wollte. Die 37 Jahre alte Frau wurde nicht verletzt.

Streit um ruhestörenden Lärm führte in Neumünster dazu, daß ein 42jähriger in seiner Wohnung erstochen wurde.

Ein Mann sah rot. Weil er vom Nachbarn als arbeitsscheuer Almosenempfänger tituliert wurde, zog sich ein Mieter in Frankfurt eine Maske über und griff zur Flinte. Er erschoß den Spötter und drei weitere Nachbarn. Zum Schluß erschoß er seine eigene Freundin.

Frankfurt. Zu acht Jahren Jugendstrafe verurteilte das Landgericht einen 20jährigen Türken, der seine 77jährige Nachbarin mit sechs Messerstichen getötet hatte. Die Frau, die nach dem Tod ihres Mannes im Haus als streitsüchtig galt, hatte sich mehrfach über Lärm bei den Türken beschwert. Als der damals 19jährige Sabri I. sie auch noch wegen Spielschulden um 500 Mark anpumpte, soll sie ihn mit schroffen Worten (das Wort „Scheißtürke" soll gefallen sein) abgewiesen haben. Daraufhin lockte der junge Mann sie in den Keller und erstach sie.

Im Prozeß stellte das Gericht bei dem Täter „deutliche Reifungsrückstände" fest.

New York (dpa). Weil ein Hund im New Yorker Stadtteil Staten Island in die Büsche des Nachbarn gepinkelt hatte, lieferten sich zwei Familien eine tödliche Schießerei – ein 21jähriger

Mann wurde durch Schüsse in den Bauch und in den Kopf getötet, zwei Personen wurden verletzt. Der 34jährige Brian Collins wurde wegen Mordverdachts und unerlaubten Waffenbesitzes in Haft genommen.

Collins' Hund hatte gerade wieder die Untat begangen, um die es schon mehrfach Streit zwischen den Nachbarn gegeben hatte. In der Hitze des Gefechts schoß Christopher Merola auf James Collins und traf ihn ins Gesicht. Collins' Bruder Brian holte ebenfalls einen Revolver und erschoß Christopher Merola. Dessen Bruder nahm nun die Waffe und wollte Vergeltung üben, erwischte aber einen unbeteiligten Nachbarn und verletzte ihn schwer. Der Hund entkam ohne Blessuren.

Kapitel 16

Die Odyssee der Instanzen

Betreten verboten

Auch ganz junge Nachbarn sind schon Täter. Nach mehrjährigem Rechtsstreit entschied die hohe Justiz gegen ein Kleinkind, das unerlaubt das Grundstück des Feindes nebenan zu betreten gewagt hatte. Der betretene Nachbar trieb den Prozeß bis zum Bundesgerichtshof. (BGH, Az.: VI ZR 185/78.)

Ich habe recht, und das reicht mir

„Bayern ist schön" plärrt der Werbespot aus dem Radio. Herr Struck kann das bestätigen. Er ist viel gereist in den letzten Jahren. Er hat die Schönheit des Landes kennengelernt. Auf dem Instanzenweg.

Er war in Weiden: Landgericht, Landratsamt.

Er war in Regensburg: Verwaltungsgericht, Handwerkskammer, Oberverwaltungsgericht.

In Nürnberg: Oberlandgericht.

In München: Bayerischer Verwaltungsgerichtshof. Landtag. Innenministerium.

Herr Struck könnte sich durchaus vorstellen, daß er auch einmal die heimatlichen Grenzen verläßt. Er möchte zum Beispiel nach Karlsruhe. Das soll auch eine schöne Stadt sein. Dort sitzt das Bundesverfassungsgericht.

Über seine Reisen hat Herr Struck Buch geführt. Zwölf Aktenordner sind daraus geworden.

Herr Struck sucht etwas, das ihm zu Hause nicht zuteil wurde. Er hofft, daß es ihm auf künftigen Reisen begegnet: sein Recht.

„Sehr geehrter Minister", hat er geschrieben, „ich habe in einer für Bayern beispiellosen Prozeßserie um mein Recht gekämpft und es bis heute nicht bekommen. Bitte geben Sie es mir jetzt."

Im Luftkurort Waldkirchen, an der Hauptstraße, betreibt Herr Struck, zusammen mit seiner Frau, eine kleine Tankstelle mit angeschlossener Autowerkstatt. Vorne wohnt Familie Struck. Hinten der Nachbar Maiser. Um sein Haus zu erreichen, muß Herr Maiser über das Grundstück von Herrn Struck fahren. Es gibt keinen anderen Weg.

Herr Struck will das nicht. Seit zehn Jahren nicht. Er hat ihm das verboten. Seitdem laufen die Prozesse.

„Aber der feixt und fährt", empört sich Herr Struck.

Ein offizielles, im Grundbuch eingetragenes Wegerecht hat Herr Maiser nicht. Aber eine Art Notwegerecht, ein Fahrrecht per Verfügung.

„Pff", macht Herr Struck, „ein Fahrrecht außerhalb des Grundbuchs. Man kennt es nicht. Der Weg ist mein Grundeigentum. Ich werde auf kaltem Wege enteignet."

Herr Struck will, daß die Gemeinde dem Maiser einen Weg besorgt, irgendwo hinten über die Felder. Aber die Gemeinde sperrt sich. Der Bürgermeister, ein Polizeibeamter, der das Amt in seinen Mußestunden versieht, ist mit dem Maiser verschwippt und verschwägert. „Wie in Sizilien", sagt Herr Struck, „wie bei der Mafia." Der Bürgermeister spricht von einer leidigen Angelegenheit, wiegt bedenklich den Kopf, aber machen kann er da leider gar nichts. Der Streit ist Privatsache, nicht Sache der Gemeinde.

Kosten gab es auch schon. Herr Struck wollte die Werkstatt erweitern. Er hat auf seinem Grundstück eine Baugrube ausgehoben, hat Kellerfundamente gegossen mit Verrohrung, Isolation und allem drum und dran. Mit dem Bau hätte er Herrn Maiser den Weg dauerhaft verlegen können.

Da hat der Nachbar geklagt. Und gewonnen. Herr Struck mußte die Grube wieder zuschütten. 60 000 Mark hat ihn der Spaß gekostet. Die Goldgrube von Struck war Dorfgespräch. Da begann Herr Struck seine weiten Reisen durch das schöne

Bayern. Die Gerichte halten sich bedeckt. Drei Anwälte hat Herr Struck schon verschlissen. Im Moment hat er grad keinen.

Aber Herr Struck bleibt stur. „Ich bleib' drauf", bekräftigt er, „ich werde mir mein Recht holen, aber selbstverständlich." Die Dienstaufsichtsbeschwerde gegen den Innenminister hat er gerade in Arbeit.

„Das gibt es gar nicht", sagt er, „eigener Grund und Boden, freiheitlicher Rechtsstaat, da muß doch was dran sein. Ich bekomme, was mir zusteht."

Von Michael Kohlhaas hat er schon gehört. Der spornt ihn an, der ist sein Vorbild. Der war auch im Recht. Und die Todesstrafe ist ja abgeschafft. „Gewalttätig bin ich nicht", sagt Herr Struck, „ich würde den Nachbarn höchstens mit dem nassen Lappen erschlagen."

Redet er mit dem noch?

„Doch, doch", sagt Herr Struck und ruft, „Fritz! Komm doch mal ans Fenster. Komm, zeig dich!"

Herrn Maisers Haus liegt still. Die Fenster sind geöffnet. Ist er nicht da?

„Aber klar", sagt Herr Struck, „der hat doch alles mitgehört. Der steht im Dunkeln und spitzt die Ohren."

„Fritz", ruft Herr Struck, „trau dich, du Feigling. Jetzt kannst du deine Meinung sagen."

Keine Antwort, nichts.

„Das macht der immer so, der Duckmäuser, mit offenem Visier kämpft er nicht", sagt Herr Struck und wendet sich ab. Und plötzlich schallt es aus einer Fensterhöhle im ersten Stock, eine dünne piepsige Stimme, die Stimme von Herrn Maiser, dem nie Gesehenen:

„Ich habe recht. Und das reicht mir!"

„Haben Sie das gehört?" fragt Herr Struck. „Schiß hat er. Er wankt schon. Jetzt pack' ich ihn. Und wenn es ins nächste Jahrtausend geht. In letzter Instanz pack' ich ihn."

Und zufrieden sortiert er seine zwölf Aktenordner und trägt sie ins Haus, einen Turm von Papier, der ihn um Haupteslänge überragt.

Chinesisch

Der Fall: Um sein Haus zu erreichen, muß B. über das Grundstück von A. fahren. Es ist die einzige Möglichkeit. Eines Tages beschließt A., das nicht mehr zu dulden. Er klagt und verliert. Klagt erneut und verliert wieder. Klagt weiter und landet
vor dem Bundesgerichtshof. Das ist ein hohes Gericht mit tief-
schürfenden Leuten. Sie machen sich Gedanken und benutzen
eine Sprache.

Zur Frage, ob und warum diese Durchfahrt – möglicherweise schon seit alters – erlaubtes Recht sei, fand das Gericht die
folgenden Worte:

„Der Rechtsgedanke unvordenklicher Verjährung, nachdem
althergebrachter Gemeingebrauch einer Straße ihre Widmung
für den öffentlichen Verkehr vermuten läßt, ist dem BGB als
Grund einer unentziehbaren, in ihrer Wirkung verdinglichten
Nutzungsverleihung unbekannt. Die Voraussetzungen der
heute allein möglichen Buchersitzung einer Wegdienstbarkeit
sind nicht erfüllt.

Der Klagevortrag über Art und Dauer der behaupteten Mit-
benutzung des Grundstücks B. für das Grundstück A. kann
daran denken lassen, daß hier unter Umständen eine altrechtli-
che Dienstbarkeit entstanden war, die possessorischen Besitz-
schutz genießt. Da § 1 des Preußischen Gesetzes über das
Grundbuchwesen in der Provinz Hannover vom 28. 5. 1873 die
Grundgerechtigkeiten vom Eintragungszwang ausnahm, sind
für die Entstehung eines solchen Präsidialservituts die partiku-
larrechtlich geltenden Grundsätze des gemeinen Rechts an-
wendbar geblieben. Danach kam sowohl eine konkludente Be-
stellung oder Vorbehaltung des Servituts in Frage als auch eine
Servitutsersitzung usw. usw. ...."

A. muß die Durchfahrt weiterhin dulden, aber er hat jetzt
eine dicke Akte, die ihm sagt, warum. Falls er sie versteht.
(BGH, Urt. v. 22. 6. 1990 – VZR 3/89.)

Sieben für einen Streich

Sieben Richter durch drei Instanzen beschäftigten Notar Franz K. und Hausmann Günter S. aus München-Obermenzing mit ihrem „Hahnenkrieg".

Kläger K. störte sich am lauten Schreien des südafrikanischen Buschhahns Fredi und setzte gerichtlich einen schalldichten Käfig durch. Weil aber die Hennen ohne Fredis Brunftgesang die Eierproduktion einstellten, ging Naturfreund S. in Berufung.

Zwei Richtern vom Oberlandesgericht, die zuvor zum Ortstermin angereist waren, gelang das Einigungswerk. Die beiden Streithähne verglichen sich, reichten sich nach zweijähriger Prozeßdauer die Hand und einigten sich auf den Bau einer Schallschutzwand.

Schlicht vergeblich

Schlichten statt prozessieren: unter diesem Motto bietet in Hamburg die öffentliche Rechtsauskunfts- und Vergleichsstelle (ÖRA) der Stadt Hilfe beim Nachbarschaftsstreit an. „Es empfiehlt sich, aus mehreren Gründen, in Streitfällen erst einmal zu uns zu kommen", sagt Jurist Werner Schlenther (50), der die städtische Einrichtung leitet. „Wir setzen Verhandlungen schnell an, die Gebühren sind gering, gerichtliche Klagen dagegen erfordern Geduld und Geld. Außerdem wird die Beziehung zwischen den Streithähnen durch einen Prozeß oft vollkommen gestört." Schlenthers Angebot: klärende Gespräche, gütliche Einigung. Wenn der Vorsitzende einen von beiden Seiten akzeptierten Vergleich vorschlägt, ist er rechtsverbindlich.

Großen Erfolg hat die Schlichtungsstelle dennoch nicht: „1990 hatten wir nur 2000 Fälle", sagt Schlenther enttäuscht. „Und davon geht noch knapp die Hälfte auf das Konto der SAGA, einer der größten Hausverwaltungen in der Republik." Sie als einzige der Großorganisationen wende sich bei Streitfragen unter Nachbarn zuerst an die ÖRA.

Der Robin Hood vom Odenwald

Schweres Geschütz gegen die deutsche Justiz fährt der „Verein für Wahrheit und Gerechtigkeit" auf, der vor einigen Jahren im Odenwaldkreis gegründet worden ist. Seine Mitglieder sammeln und veröffentlichen Fälle von Justizopfern, Menschenrechtsverletzungen und Behördenwillkür. Auch im Bereich von Nachbarschaftskonflikten und deren juristischen Folgen ist der Verein immer wieder tätig geworden. Bekannt wurde der Fall eines seiner Gründungsmitglieder, des Müllermeisters Karl S., den wir hier – aus der Sicht der Betroffenen und Mitstreiter – wiedergeben:

Nach alltäglichen Nachbarschaftsstreitereien (Mißachtung des Wegerechts, Mietschulden, Wasserverschmutzung) kam es vor 10 Jahren zu einer Beschuldigung und einer Strafanzeige bei der Polizei, derzufolge der Müllermeister Karl S. mit seinem Pkw mit überhöhtem Tempo eine Französin angefahren habe, so daß sie eine Verletzung am Oberschenkel und durch Stoß gegen eine Mauer Prellungen an Schulter und Hand erlitten habe. Über diesen Unfall gibt es keinen Polizeibericht.

In Wirklichkeit, so der Rechtsanwalt des Vereins, Dr. Günter W., hätten sich ein Mann und drei Frauen abgesprochen, den unbequemen Nachbarn Karl S. „fertigzumachen". Ein Autounfall habe nie stattgefunden, eine der drei Frauen sei beim Reiten von ihrem Pferd gefallen und habe sich mit Hilfe ihrer Bekannten diesen Unfall „aus den Fingern gesogen", um sich dadurch eine Rente zu erschleichen. Es lägen zwei Zeugenaussagen über eine solche verleumderische Absprache vor.

Diese Zeugen jedoch fanden vor dem Amtsgericht kein Gehör. Auch die Berufung vor dem Landgericht in Darmstadt sei mit der Bemerkung abgewimmelt worden: „Wir haben es nicht nötig, die Berufung zu prüfen." Die Einlegung der Revision habe mit unwahren Angaben der eigene Wahlverteidiger verhindert. Der nach seiner Meinung um sein Recht gebrachte Müllermeister protestierte daraufhin vor dem Landgericht mit einem 10 Meter langen Spruchband. Es kam im Gericht zu einer tätlichen Auseinandersetzung, in der ein Polizeimeister R.

den Müller derart von hinten gewürgt habe, daß dieser 8 Stunden lang ärztliche Behandlung in Anspruch habe nehmen müssen. Überdies fühlte sich der Vorsitzende Richter durch das Spruchband beleidigt und verurteilte Karl S. zu 2300 Mark wegen Verunglimpfung und Nichtachtung des Gerichts.

Karl S. gab nicht auf, sondern suchte weiterhin sein Recht vor Gericht. Dazu der Anwalt des Vereins: „Wie in Hunderten von ähnlichen Nachbarschaftsfällen führte der Widerstand von Herrn S. gegen die Verkürzung seiner Rechte zu einem Rattenschwanz weiterer zivil- und strafrechtlicher Folgeverfahren bis hin zum Offenbarungseid und Haftbefehl mit einer Schadenssumme von weit über 30 000 Mark. Vier Herzinfarkte erlitt Herr S. in Folge dieses fortdauernden seelischen Drucks und der begreiflichen Verzweiflung, daß in unserem Staat justitielle Amtsverbrechen wie Rechtsbeugung, falsche Anschuldigungen, Verfolgung Unschuldiger, Parteiverrat der Anwaltschaft usw. trotz aller Proteste kaltschnäuzig gedeckt, begünstigt und niemals von den Dienstaufsichten bis hin zum Landesjustizministerium geahndet werden."

Nachtrag aus der regionalen Presse:
Odenwaldkreis. Der Verein für Wahrheit und Gerechtigkeit trauert um sein engagiertes Mitglied Karl S., der am 10. 5. gestorben ist. Wie die weit über den Odenwaldkreis hinaus tätige Organisation in einem Nachruf feststellt, sei S. Jahrzehnte „als Robin Hood gegen Krummwege der Justiz" angegangen, indem er bis nach Bonn auf Fehlurteile der Gerichte und Mißstände der praktizierenden Justiz aufmerksam gemacht habe. Karl S. habe unter dem Motto „Tue recht und scheue niemand" mehr Zivilcourage bewiesen als alle Persönlichkeiten des öffentlichen Lebens in Hessen zusammen, würdigt der Verein den Verstorbenen. Mit ihm verliere das Land „einen Gerechtigkeitskämpfer der Sonderklasse".

Lebenslänglich

Steine über den Gartenzaun, Knüppel auf den Kopf, Schüsse auf den Nachbarn: das Amtsgericht Norderstedt blickte nicht mehr durch, erklärte sich für nicht zuständig und verwies die Klage als „nicht vermögensrechtliche Streitigkeit" ans Landgericht Kiel. Die Sache ist verwickelt. Und sie dauert auch schon eine Weile: genau 33 Jahre.

In den Haaren liegen sich Rentner B. und die Raumpflegerin J. samt ihrem Bruder. Aktuell geht es um eine einstweilige Verfügung, die B. untersagen soll, bei Feindberührung zu schießen. Der 77jährige ehemalige Maurer habe, so die Beschuldigung der Raumpflegerin, fünf Schüsse auf ihren Bruder gefeuert. „Mit Gaspatronen", behauptet der Rentner, um den Nachbarn vom Grundstück zu vertreiben. Und im übrigen: „Knallen auf dem eigenen Grundstück ist erlaubt." Der Nachbar habe dauernd mit Steinen geworfen. Nachbar J. bestreitet das. „Niemals, das ist die reine Erfindung." Den Knüppel will die Raumpflegerin auf den Kopf bekommen haben. Das bestreitet wiederum Rentner B. Bruder J. will sich seit neuestem mit einem 1,80 Meter hohen Lamellenzaun vom Feind optisch abkoppeln. Auch der Richter findet das vernünftig: „Hier hilft nur eine riesengroße Trennung." Doch ist Rentner B. ganz entschieden dagegen: „Ich laß mir doch nicht mein Grundstück verschandeln."

Schon vor Jahren hatten die J.s den Versuch gestartet, sich mit einer Tannenhecke vom Nachbarn abzuriegeln. „Doch plötzlich waren ihm die zu hoch", klagt die Raumpflegerin, „plötzlich störten sie ihn, und er hat die gekappt." Sie ist heute noch empört. „Man kann doch nicht bei fremden Leuten einfach Sachen absägen." Rentner B. sieht sich als Verleumdungsopfer: „Ich war das nicht. Das waren die selber."

Angefangen hatte die Feindschaft vor drei Jahrzehnten. Im Sandkasten. „Unsere Kinder haben immer miteinander gespielt", erinnert sich B. „Bis die Nachbarin gesagt hat, unser Sohn sei nicht so gut erzogen wie ihre sechs Bälger." Seitdem schwelt es zwischen den beiden. Und alle paar Jahre kommt es zum Knall.

Kapitel 17

Das Letzte vom Grabenkrieg

Pinkeln in Heilbronn

Ganz Schwaben nahm teil am „Pinkelprozeß" von Heilbronn, der nun sein Ende fand. Drei Jahre lang prozessierte Scheunenbesitzer Albert S. um Schadenersatz in Höhe von 6534 Mark. Mit Hilfe einer Privatdetektivin hatte S. herausgefunden, daß sein Nachbar, Gastwirt Franz P., zur Nachtzeit seine Scheune als Pissoir benutzte. S. monierte Schimmel und Gestank an Boden und Mauerwerk. Das Geld wollte er für einen Scheunenboden erstreiten. Das Oberlandesgericht wies jetzt die Klage ab. Begründung: „Das meiste ist verdunstet."

Parken in Frankfurt

Im Frankfurter Nordend beschäftigt ein 69 Jahre alter Rentner seit Monaten die Polizei. Insgesamt 87 Anzeigen erstattete er gegen Hausnachbarn und Anwohner wegen Falschparkens. Der gehbehinderte Mann erledigte seine Arbeit überwiegend vom Fenster seines Wohnzimmers im dritten Stock, von wo aus er, mit Hilfe eines Fernrohrs, die Nummernschilder der Fahrzeuge notierte.

Raupen in Coburg

Gegen eine Invasion von Raupen, die aus dem Rapsfeld eines Landwirts herübergekrochen kamen, klagte ein Hausbesitzer vor dem Landgericht Coburg. Die Raupen seien zu Tausenden nicht nur an den Außenwänden von Haus und Garage, sondern auch in der Wohnung an Möbeln und sogar an sitzenden

Personen hochgekrochen. 2500 Mark an Chemie habe ein beauftragter Schädlingsbekämpfer versprühen müssen, um die Plage zu beseitigen. Das Gericht verurteilte den Landwirt, mit Kontaktgift einen Schutzstreifen um den Acker zu legen und die Kosten zur Beseitigung der Raupeninvasion zu übernehmen. (Az.: 3 S 65/90.)

Lack ab

Der Ast brach vom Baum und fiel auf Nachbars Porsche. „Einen Knuff", so das Gericht, bekam das frischlackierte teure Gefährt. 2285 Mark muß der Baumbesitzer zahlen. Denn, nach Meinung des hinzugezogenen Baumsachverständigen, „neigen Bäume dieser Art (Petrocavia fraxinifolia) im Alter dazu, Äste abzuwerfen". (LG Frankfurt, Az.: 2/1 S 384/84.)

Erleuchtung

Gegen Straßenlampen, die 4 Meter vom Wohn- und Kinderzimmer entfernt stehen und die Nacht zum Tage machen, sind Klagen sinnlos. Das Gericht schmetterte einen Kläger ab, u. a. mit der Begründung, die Beleuchtung „diene der Förderung des kulturellen und wirtschaftlichen gemeindlichen Lebens". (VGH Kassel, Az.: 11 UE 468/85.)

tap tap

„Das Gericht ist der Auffassung, daß es keine schuldhafte Vertragsverletzung der Mieter ist, wenn sie das Laufen ihrer Kinder nicht untersagen." (AG Kiel, Az.: 8 C 383/839.)

Heavy Metal

Knapp 20 Jahre lang schossen die Mitglieder eines Schützenvereins mit Schrotblei auf Tontauben. Jetzt klagt der Nachbar. Sein Grund und Boden ist durch Blei in einem Umfang vergiftet, der dreißigmal höher ist als der Durchschnittswert. (OLG Stuttgart, Az.: 10 U 196/87.)

Schimanski

Ein Mann ärgert sich über Nachbars Lärm. Er greift zum Telefon, ruft bei ihm an und sagt: „Hier ist die Kriminalpolizei. Sorgen Sie dafür, daß Ihr Hund nicht bellt. Stellen Sie das Radio leiser usw., es haben sich Leute beschwert bei uns über Sie."

Der Richter sieht darin Amtsanmaßung und verurteilt den Mann zu 1200 Mark Strafe. Doch der geht in Berufung. Und gewinnt. Freispruch. Denn, so das Oberlandesgericht Koblenz, der Satz „Hier ist die Kriminalpolizei" erreiche nicht die Qualität einer Amtsanmaßung. Hierfür hätte sich der Angeklagte schon – wie es vorgeschrieben sei – mit vollem Namen, Rang und Dienststelle melden müssen. (Az.: 1 Ss 81/89.)

Deutsch für Selbstmörder

Wir bitten die Leserinnen und Leser um Entschuldigung. Aber einmal – nur ein einziges Mal – wollten wir Ihnen das zumuten. Lesen Sie langsam. Machen Sie Pausen. Der folgende Text stammt aus einer Urteilsbegründung.

„Der Kläger hat zu Recht geltend gemacht, daß die auf dem Grundstück der Beklagten entlang der Grenze verlaufende Hecke eine Höhe von 2 m nicht überschreiten dürfe, andernfalls sie auf 1 m Mindestabstand zur Grundstücksgrenze versetzt werden müsse.

Nach den Ausführungen des AG betrug der Abstand der Seitenfläche der Scheinzypressenhecke der Beklagten zur Grenze zum klägerischen Grundstück zum Zeitpunkt der Anpflanzung bei 51 von 78 Pflanzen weniger als 0,50 m. Da das AG die ganze Hecke als Einheit betrachtet hat, war bei dieser Betrachtungsweise die gesamte Hecke schon zum Zeitpunkt der Anpflanzung rechtswidrig, denn nach § 42 b NRWNachbG ist mit Hecken bis zu 2 m Höhe grundsätzlich ein Grenzabstand von 0,50 m einzuhalten. Ginge man weiterhin mit dem AG davon aus, daß eine vom Zeitpunkt der Anpflanzung gerechnete sechsjährige Ausschlußfrist für einen Beseitigungsanspruch gem. § 47 I NRWNachbG abgelaufen war und sich auch aus § 242 BGB nichts anderes ergibt, dann steht dem Kläger der von ihm geltend gemachte beschränkte Beseitigungsanspruch nur dann zu, wenn bei einer Überschreitung von 2 m Höhe ein neuer Beseitigungsanspruch mit neuem Beginn des Fristablaufs entsteht, weil nunmehr neben dem verfristeten Verstoß gegen § 42 b NRWNachbG auch ein Verstoß gegen § 42 a NRWNachbG vorliegt, wonach mit einer Hecke über 2 m Höhe ein Grenzabstand von 1 m einzuhalten ist.

Entgegen der Auffassung des AG, das lediglich von einer Vertiefung eines rechtswidrigen Zustandes ausgeht, ist die Kammer der Auffassung, daß bei einem Überschreiten von 2 m Höhe ein neuer Beseitigungsanspruch gem. § 1004 I BGB, §§ 50, 42 b NRWNachbG entsteht, dessen Fristablauf nicht mit der Anpflanzung, sondern mit der Überschreitung einer Höhe von 2 m beginnt. Die gegenteilige Auffassung des AG, wonach ein nach der Anpflanzung liegender Fristbeginn nur dann gerechtfertigt sei, wenn erstmals aufgrund des Höhenwachstums ein rechtswidriger Zustand eintrete, nicht aber, wenn sich die Rechtswidrigkeit einer bereits bei Anpflanzung rechtswidrigen Hecke aufgrund des Höhenwachstums lediglich verstärke, überzeugt nicht. Die Kammer vermag sich dem Argument, daß dies im Interesse des nachbarlichen Friedens geboten sei, nicht anzuschließen. Die Ansicht des AG hätte zur Konsequenz, daß ein Nachbar, der eigentlich nichts gegen eine zu dicht an die Grenze gepflanzte Hecke von weniger als 2 m Höhe einzuwenden hätte, vorsorglich vor Ablauf von sechs Jahren nach der Anpflanzung auf Beseitigung klagen müßte. Andernfallls müßte er befürchten, daß die Hecke nach Ablauf von sechs Jahren höher als 2 m wird, ohne daß er dagegen noch etwas unternehmen könnte. Weiterhin leuchtet es nicht ein, daß ein Nachbar das Recht haben soll, nach sechs Jahren eine Hecke auch dann beliebig hoch wachsen zu lassen, wenn diese Hecke über den gesamten Zeitraum immer eine Höhe unter 2 m hatte, so daß der andere Nachbar nie eine über 2 m hohe Hecke geduldet hat, sich aber nunmehr auf Dauer damit abfinden müßte. Schließlich wird durch die Auffassung der Kammer auch der Schutz desjenigen, der die Hecke angepflanzt hat, hinreichend gewährt. Denn nach Ablauf der sechsjährigen Frist sieht er sich dem Beseitigungsanspruch nur insoweit ausgesetzt, als er die Hecke über 2 m hoch werden läßt. Dieser Anspruch läßt sich durch Rückschnitt jederzeit einfach erfüllen. Nur wenn eine Hecke von über 2 m Höhe erwünscht ist, muß die Hecke auf einen Mindestgrenzabstand von 1 m versetzt werden. Aus allem ergibt sich, daß dem klägerischen Begehren stattzugeben gewesen wäre." (LG Münster, Beschluß vom 18.7.1990, Az.: 8 S 488/89.)

Stumme Zeugen reden nicht

Es gibt Fragen, die müssen offen bleiben, zu unser aller Wohl. Was geschieht nach dem Tod, wann kommt die nächste Steuererhöhung? Dann gibt es Fragen, die bleiben offen, aus reiner Schlamperei. Weil die Leute ihre Arbeit nicht ordentlich machen. Weil das Gesetz zu grobmaschig ist. Kleine Dinge schlüpfen einfach durch.

Und wir stehen da, verloren im rechtsfreien Raum.

Doch Gott sei Dank gibt es noch Menschen, die es genau wissen wollen. Sie leisten ihren Beitrag zu unserem Rechtsstaat, sie schließen Lücken, sie sind die stillen Helden in einer Welt zunehmender Unsicherheit. Sie stellen Fragen und bekommen Antworten, schwarz auf weiß, wir können es jederzeit nachlesen:

„Zwar unterliegen SIE im ästhetischen Bereich durchaus gegensätzlicher Beurteilung: die einen sehen in IHNEN Symbole der Engstirnigkeit und Dummheit, den Ausdruck von Beschränktheit und das Zeichen eines schlechten Geschmacks, während die anderen mehr zu mildem Urteil und Duldung einer in einer langen Tradition begründeten Einrichtung neigen. Aber es bestehen keine Zweifel, daß es sich bei IHRER Aufstellung um eine erhebliche Beeinträchtigung des optischen Gesamteindrucks der Wohnanlage handelt, die sogar Einfluß auf den einen oder anderen Kaufinteressenten für eine Eigentumswohnung haben kann. Immerhin fehlt bei IHRER Aufstellung ein sozialer Bezug zum Leben der Wohnungseigentümergemeinschaft. Und wie die Fotos zeigen, fallen SIE trotz ihrer geringen Abmessungen durch IHR leuchtendes Rot im SIE umgebenden Grün des Gartens auf und können auch von der Straße her gesehen werden. Mit IHRER Aufstellung und deren Aufrechterhaltung durch die Antragsgegner ist eine Grenze überschritten. Nach Auffassung des Senats steht der Antragstellerin ein Anspruch auf Entfernung zu. Sie kann vom Störer IHRE Beseitigung verlangen."

Also sprach das Oberlandesgericht zu Hamburg in seinem bahnbrechenden Urteil nach vierjährigem, erbittert geführten Prozeß durch alle Instanzen. Ein Meilenstein deutscher Rechtsfindung.

Was war geschehen? Was verbarg sich dort so schrecklich leuchtend rot im Grün? Welche Schweinerei war da im Gange, im Vorgarten einer gutbürgerlichen Wohnanlage in Hamburg, und zwar derart, daß Justitia höchstrichterlich auf „Entfernung", ja sogar „Beseitigung" drängte?

Ein bewährter Spruch der Mafia lautet: Stumme Zeugen reden nicht. Dies trifft, in gewisser Weise, auch für unsere Zeugen zu.

Sie kamen schon wortlos zur Welt, hart gebacken bei 920 Grad Celsius. Reden war und ist nicht ihre Art.

Aber sie haben von sich reden gemacht. Und wie. Sie waren das Stadtgespräch in Hamburg.

Sie sind stumm, aber gesellig. Sie tauchen häufig in Rudeln auf. Über 15 Millionen gibt es von ihrer Sorte in Deutschland. Sie sind sogar wissenschaftlich erforscht. Dr. Hans-Werner Prahl, Soziologe an der Uni Kiel, der sich seit 15 Jahren mit ihnen beschäftigt, weiß zu berichten:

„Es gibt drei Grundtypen. Das Arbeitsmodell mit Schippe, den Freizeittyp, der faul rumliegt, und den Kulturheini, der musiziert."

Keine Angst, es handelt sich nicht um eine neue Gesellschaftstheorie. Gemeint sind Wesen, die schon seit längerem gerade unter uns Deutschen eine Heimat gefunden haben. Sie sind uns nahe, man hat manchmal den Eindruck, sie sind auf vertrackte Weise mit uns verwandt. Von weitem betrachtet, müssen sie uns ähneln, im Ausland verwechselt man uns mit ihnen.

Sie sind so gemütlich.

Keine Frage, es ist längst klar: die Rede ist von jenen Wesen, die die Amtssprache mit dem erschütternden Begriff „Deutsche Hartbrandwichtel" belegt.

Zwerge. Gartenzwerge.

Sie sind sehr beliebt bei uns. So klein, so niedlich. Kann man ihnen wirklich böse sein?

Ihretwegen kam es in Hamburg zum Krieg, zum „Krieg der Gartenzwerge".

Der Kern der Geschichte ist schnell erzählt: 1985 beging der Wohnungseigentümer Adolf B., ein bis dahin unbescholtener Rentner, die verwerfliche Tat, im gemeinschaftlichen Garten der Wohnanlage Wilhelmshavener Straße 15 zwei Gartenzwerge aufzustellen, einen Akkordeonspieler (15 Zentimeter) und einen, der den Sänger mimt (25 Zentimeter). Rentner B. handelte vorsätzlich und im Vollbesitz seiner geistigen Kräfte, die Unschuldsvermutung greift bei ihm nicht. „Was wollen Sie denn, die Männchen sehen doch nett aus", gab er später patzig zu Protokoll. Das Schlimme daran: niemand aus dem Zehn-Parteien-Haus nahm so recht Notiz von dem Frevel; schlimmer noch, es störte offensichtlich keinen.

Bis auf Elsbeth Emma G. Sie als einzige blieb wachsam und nahm gleich Anstoß. Selbst aus 12 Metern Höhe, aus dem zweiten Stock, wo ihre Wohnung liegt, entging es ihr nicht: das aggressive Rot der Zipfelmützen, die provokante Verletzung des gemeinschaftlichen Grüns.

Man muß wissen, Frau G. ist Angestellte beim Amt für Katastrophenschutz, dessen erklärte Devise – nicht erst seit der Hamburger Flutkatastrophe und den bekannten Umweltgiftskandalen – lautet: wehret den Anfängen.

Frau G. wehrte sich. Sie fühlte sich gewissermaßen optisch vergiftet durch die Rotmützen. Ihr „ästhetisches Empfinden" sei verletzt, der dauernde Blick auf die Wichtel „unzumutbar" – so begründete sie ihre erste Klage vor dem Amtsgericht. Dessen Richter wiesen sie ab, auch das Landgericht wollte seltsamerweise die Zwerge nicht verbieten. Erst in dritter Instanz, jetzt vor dem Oberlandesgericht, gelang der Durchbruch – Sieg im Zwergenkrieg. Die Richterin zollte der Sache, wenn man die mittlerweile aufgelaufenen Verfahrenskosten von einigen zigtausend Mark bedenkt, die gebührende Aufmerksamkeit und verbrauchte 11 Seiten kleinbedrucktes Papier für ihren Ratschluß, aus dessen Begründung wir eingangs zitierten.

Das dauerte, das zog sich hin. Vier Jahre brauchte die Gerechtigkeit. Dann war der Zwergenaufstand niedergeschlagen, die rote Gefahr gebannt.

Erstaunlich sind die Begleitumstände des Falles. Sie verweisen auf ein merkwürdiges Defizit im Rechtsempfinden weiter Bevölkerungskreise. Statt die Sache ruhig und steuerzahlend abzuwarten – auch Zwerge haben Anspruch auf Bestrafung –, reagierte das Volk mit heftigen Wallungen. Es kam zu ganz unverständlichen und massenhaften Solidaritätsbekundungen. Nicht nur, daß im Haus sich alle Miteigentümer auf die Seite von Adolf B., dem Wichteltäter, schlugen: es wimmelte plötzlich auf allen Fensterbänken und Balkonen von Zwergen der bekannten und auch der nie gesehenen Art. Selbst Bewohner, die zu Zwergen bislang ein eher reserviertes Verhältnis hatten, deckten sich hemmungslos mit kompletten Wichtelbatterien ein, Briefkästen und Wohnungstüren wurden mit Zwergenaufklebern förmlich zugepflastert, je geschmackloser, desto besser.

Ein Virus, wie aus Disneyland entfleucht, wütete im Herzen Hamburgs, eine Orgie von Zipfelmützenrot flammte durch die stille Wohnstatt. „Riesig: An jeder Tür ein Zwerg!" titelte die Presse, die den Fall wohlwollend durch alle Instanzen und mit steigender Auflage begleitete.

Frau Elsbeth Emma G., die Dame mit dem streitbaren Schönheitssinn, kam mit den Zwangsvollstreckungsanträgen gar nicht nach. In kurzer Zeit hatte sie alle Miteigentümer des Hauses verklagt. Fortan hieß es: sie gegen den Rest der Welt. Die Akten türmten sich zu Bergen, die Sache lief aufs Schönste aus dem Ruder. Frau G., gestählt im Katastrophenabwehrkampf, hielt durch.

Dem unvoreingenommenen Beobachter bot sich zu dieser Zeit ein zwiespältiges Bild. Zum Beispiel Annegret S., Miteigentümerin, eine gestandene, geradezu hanseatisch vernünftig wirkende Frau: hat sich ein Dutzend Wichtel zugelegt, Protestwichtel, wie sie sagt. Aus purer Solidarität mit dem Täter Adolf B. „Dabei mag ich keine Gartenzwerge", bekennt sie, „aber nach dem Rechtsstreit sind mir die kleinen Gnome richtig ans Herz gewachsen." Solidarität? Das riecht doch nach Kumpanei.

Im Prozeß der dritten Instanz, wo die Gerechtigkeit so strahlend siegte, stand Annegret S. an erster Stelle. Sie hat sich vorgedrängelt, sie wollte, so muß man vermuten, als erste verklagt werden. „Ganz einfach, weil es mich geärgert hat, daß man Zwerge verbieten wollte. Das ist doch verrückt. Mir will es nicht in den Kopf hinein, daß eine einzige Frau wegen so einem Quatsch ein ganzes Haus terrorisieren kann. Da sträubt sich doch der gesunde Menschenverstand."

Aha, so sieht sie das. Gesunder Menschenverstand. Doch Vorsicht, Frau S. Zugegeben, Verstand ist nicht strafbar. Aber ganz unerheblich in unserem Fall. Spielt gar keine Rolle. Verstand hat der Mensch, Vernunft das Gericht. Je höher das Gericht, desto höher die Vernunft.

Wie dem auch sei: Frau S. hat ihr Recht bekommen. Und verloren, zusammen mit Adolf B. und dem Rest der Welt. Gewonnen hat Elsbeth Emma G., die, wie sich, wenn auch spät, herausstellte, einzig Gerechte. Sie hat nicht aufgegeben, hat sich nicht von Gnomen kleinkriegen lassen. Sie hat mutig die schmerzhafte Lücke geschlossen und einen Präzedenzfall geschaffen.

Doch mit dem Urteil war die Sache nicht beendet. Im Gegenteil, die Epidemie brach jetzt erst richtig los. Amtlich notiert ist eine nicht genehmigte Demonstration von drei Dutzend unvermummten Gartenzwergen, die an einem Sommertag im Juni 1988 mit Spruchbändern und roten Zipfelmützen durch die Cuxhavener Straße randalierten. Organisiert wurde die Demo von einer bislang noch nicht registrierten Chaoten-truppe namens „RZP – Rote-Zipfelmützen-Parzelle", deren er-klärtes Ziel nicht nur die Rettung von Rentner B.s Wichtel-Duo war. Wie immer bei solchen Veranstaltungen ging es ums Ganze: Zwerge aller Länder ...

Bündelweise Briefe und Grußadressen aus aller Welt erreich-ten die Verlierer, sogar aus Australien und Südamerika. Tenor der Fan-Post: Bringen Sie den Fall vors Verfassungsgericht! Georg Kölsch, Direktor des Essener Folkwangmuseums, be-kannte in befremdlicher Offenheit: „Wahre Kunstliebhaber to-lerieren auch Gartenzwerge." Günther Ocklenburg, Bühnen-vermittler aus Hamburg: „Ich möchte die Zwerge adoptieren. Sie werden es immer gut bei mir haben." Herr Alfons Weigerl aus München erbot sich: „Wenn es nötig ist, würde ich den Zwergen aus Preußen politisches Asyl gewähren."

„Die Neue Heimat hat überhaupt nichts gegen Gartenzwer-ge", beeilte sich deren Pressesprecher Herman Boekholt etwas zu durchsichtig; den Konzern hat es nicht gerettet.

Rentnerin Marthe Groth aus Alsterdorf schrieb dunkel: „Sie bellen nicht, sie beißen nicht."

Selbst an Goethe wurde gezerrt: „So war mein Garten in der ganzen Gegend berühmt und jeder Reisende sah nach den far-bigen Zwergen" (im Jahre 1796).

Kann man solche Äußerungen – gutwillig interpretiert – ge-rade noch als vom Grundgesetz mühsam gedeckte Meinungs-freiheiten einiger irregeleiteter Idealisten hinnehmen, so wurde die Sache, sobald sie ins Fahrwasser der Politik geriet, mehr als suspekt.

„Erlassen Sie endlich die notwendigen Verfügungen über Respektierung zwergenrechtlicher Gesetze und Vorschriften", beklagte sich eine ominöse „Internationale Vereinigung zum Schutz der Gartenzwerge" mit Sitz in Basel beim Bundesjustiz-minister. Und der – es war noch der Glücklose Engelhard – schrieb zurück: „Wir fühlen uns Minderheiten, *gleich welcher Form,* besonders verpflichtet und kämpfen für ihre Gleichbe-rechtigung an allen Fronten."

Ein merkwürdiges Rechtsverständnis angesichts eines Urteils, das doch sozusagen aus seinem Stall galoppiert war. Riecht nach Nestbeschmutzung.

Den gewichtigen Schlußpunkt setzte kein anderer als der Außenminister, der selbst ein Opfer des Wichtelvirus zu sein scheint. „Ich bin stolz auf meine Gartenzwerge", verlautbarte Genscher in diesem Zusammenhang.

Zu beglückwünschen ist indes Dr. Prahl, der Kieler Zwergensoziologe. Er hat auf Jahre zu tun. Es wird nicht leicht sein, die ganze verworrene Angelegenheit in ruhige wissenschaftliche Bahnen zu überführen, wir drücken ihm die Daumen.

Noch ein paar lose Enden zum Schluß: der Siegerin Elsbeth Emma G., die so fein säuberlich, aber korrekt, zwischen privatem und gemeinem Eigentum unterschieden hatte („ich habe nichts gegen Gartenzwerge privat", wird sie zitiert), ist es zwischenzeitlich gelungen, zumindest einige Miteigentümer zu Verkauf und Auszug zu bewegen. Zwar bedurfte es dazu einiger Anstrengung – an die 100 Klagen soll sie gegen die verstockten Nachbarn losgelassen haben, es ging dabei nicht um Wichtel, sondern um andere Wichtigkeiten im gewöhnlichen Hauskrieg, die wir hier nicht näher erörtern wollen –, dann waren die gegnerischen Bastionen zusammengeschossen und der Feind räumte das Feld. Frau Annegret S. zum Beispiel, die Mitstreiterin des Rentners Adolf B., hat sich am Stadtrand ein Häuschen gekauft und münzt heute ihre Flucht in ein Erfolgserlebnis um: „Ich bin unsagbar froh, daß ich da weg bin. Mit dieser Frau konnte es keiner aushalten. Hier ist es viel schöner."

So werden Niederlagen zu positiven Lebenslügen.

Ob die Anwesenheit von kleinen roten Männchen zu der vom Gericht befürchteten Wertminderung beim Wohnungsverkauf geführt hat, ist nicht bekannt.

Man hört, daß die Richterin vom Oberlandesgericht, die in der Freien und Hansestadt Hamburg zu Höherem berufen schien, sich durch den Rechtsspruch im Krieg der Zwerge ein bißchen die Karriere versaut hat.

Ob das nur Gerüchte sind? Verstehen würden wir das nicht. Denn allein mit diesem Urteil hat sie sich unsterblich gemacht, hat sich in das Goldene Buch der Rechtsprechung sozusagen mit wichtelkleinen, rotglühenden Buchstaben eingeschrieben.

Zwerge sind klein.

Und darin liegt ihre eigentliche, um nicht zu sagen höhere Bedeutung: man kann wunderbar über sie stolpern.

Sagenhafte Geschichten von heute

Rolf Wilhelm Brednich
Die Spinne in der Yucca-Palme
Sagenhafte Geschichten von heute
266.–315. Tsd. 1991.
157 Seiten. Paperback
Beck'sche Reihe Band 403

Die „Kolportagen mit Kaliber", die „unheimlich-bizarren, scheinbar nur
fiktiven Geschichten" (Der Spiegel, 12/90) vom Pudel in der Mikrowelle,
der gefährlichen Spinne in der Yucca-Palme und den selbstproduzierten
Privat-Videos, die versehentlich in die häusliche Gemeinschaftsantenne
eingespeist werden, müssen einfach wahr sein, denn die Nichte der
Schwester einer Arbeitskollegin hat sie selbst erlebt.

Es sind „witzige Geschichten mit häufigem Wiedererkennungswert.
Auch in unserem entmythisierten Jahrhundert geht der Stoff, aus dem die
Sagen sind, nicht aus" (SZ).

Rolf Wilhelm Brednich
Die Maus im Jumbo-Jet
Neue sagenhafte Geschichten von heute
101.–150. Tsd. 1991.
143 Seiten. Paperback
Beck'sche Reihe Band 435

„Die Maus im Jumbo-Jet" ist der Nachfolgeband von „Die Spinne in der
Yucca-Palme". Die neuen Geschichten vom verschwundenen
Hotelzimmer, vom vergifteten Brautkleid, von der Meisterwurz oder von
der unfreiwilligen Organspende sind merkwürdig, witzig und manchmal
grausig. Und alle sind absolut wahr!

Verlag C.H.Beck München